High School Encounter — Seattle

高中遇上西雅图

王雨涵／著

中国言实出版社

图书在版编目（ＣＩＰ）数据

高中遇上西雅图／王雨涵著 . -- 北京：中国言实出版社 , 2015.6（2024.8重印）

ISBN 978-7-5171-1404-8

Ⅰ . ①高… Ⅱ . ①王… Ⅲ . ①高中生－学生生活－美国 Ⅳ . ① G635.5

中国版本图书馆 CIP 数据核字 (2015) 第 124599 号

责任编辑：史会美

出版发行　中国言实出版社
　　　　　地　　址：北京市朝阳区北苑路 180 号加利大厦 5 号楼 105 室
　　　　　邮　　编：100101
　　　　　编辑部：北京市西城区百万庄大街甲 16 号五层
　　　　　邮　　编：100037
　　　　　电　　话：64924853（总编室）64924716（发行部）
　　　　　网　　址：www.zgyscbs.cn
　　　　　E-mail：zgyscbs@263.net
经　销　新华书店
印　刷　三河市宏顺兴印刷有限公司
版　次　2015 年 7 月第 1 版　2024 年 8 月第 3 次印刷
规　格　787 毫米 ×1092 毫米　1/16　12 印张
字　数　170 千字
定　价　40.00 元　ISBN 978-7-5171-1404-8

谨以此书献给所有我爱的人。并作为送给自己 18 岁的生日礼物。

愿本书在为读者呈现一个力求真实的美国高中生活的同时，也能够为贫困地区的孩子打开一扇窗。

本书是"安迪读书基金"的第一次尝试，作者每售出一本《高中遇上西雅图》，将捐出图书定价的百分之三十，成立"安迪读书基金"，用于资助贫困地区的孩子读书，让孩子们通过阅读认识世界，了解世界。

希望更多的有识之士与我同道，让更多贫困地区的孩子们看到更精彩的世界！

贫困不是放弃追梦的理由

——安迪读书基金成立计划

　　世上没有两片完全相同的树叶。同样，世上也没有两个完全相同的人。人生而不同，每个人所经历的事，成长的环境塑造了一个人的今天。那些我们终其一生所追求的，可能只是别人与生俱来的，同样，那些我们唾手可得的，可能是他人可望而不可即的。在小说《了不起的盖茨比》中有这样一句话："每逢你想要批评任何人的时候，你就记住，这个世界上所有的人，并不是个个都有过你拥有的那些优越条件。" 我们无法选择自己的出身，但这不代表我们应该对他人的遭遇无动于衷。这个世界上的匮乏依然存在，但这也不代表我们就没有权利去享受自己所拥有的同时帮助更多的人追求他们的幸福。

　　我们都以不同的方式经历和成长，但是对知识的渴望是不分国界的。每当我徜徉在在美国的课堂中，我总会想到那些贫困地区的孩子们。他们需要步行很远的路上学，没有像样的教室，有时一本新书对于他们来说都很奢侈。我们不应该忘记这些在边远地区为了生活而挣扎的孩子们。可能他们当中的很多人都非常优秀，但是他们被资源所局限，拖住了脚步。作为他们的同龄人，作为一名留学生，我自觉有义务尽我所能来帮助贫困地区的孩子来认识外面的世界。

　　读万卷书，行万里路，都能丰富一个人，不过开阔眼界性价比最高的方法还是读书，因为一本好书是作者与成百上千的人交谈，思考过几千个日日夜夜所凝练出思维的精华。书是承载生命的产物。贫困地区的孩子可能没有机会走出去，但是他们可以通过图书的媒介来认识更大的世界。

　　我希望能够通过我在美国两年来的记录能让更多的人了解美国高中生活，同时帮助贫困地区的学生读更多的好书。由此，我决定每售出一本《高中遇上西雅图》，我将捐出图书定价的30%成立安迪读书基金，此基金将用于帮助贫困地区的孩子来阅读。

　　孟子云："穷则独善其身，达则兼济天下"。我的能力有限，能够真正帮助到的学生也有限。不过我愿意为了贫困地区的孩子做出我的一份努力。哪怕只有一个孩子因为我的努力而改变了他的生活，哪怕只有一点点，所有的付出也是值得的。

　　希望有识之士能够与我同道，共同为使更多贫困地区的孩子获得更宽广的视野出一份力。

王雨涵

2015/6/1

wongandy@foxmail.com

Poverty Cannot Conquer Dreams

——Plan for the Creation of The Andy Reading Fund

There are no two identical individual. Similarly, life is different for every person around the world. The things each person has experienced in the past shape who they are today. What one pursues and struggles with his entire life may only turn out to be something that comes naturally to others. In F. Scott Fitzgerald's novel, The Great Gatsby, the narrator says, "Whenever you feel like criticizing any one, just remember that all of the people in the world haven't had the advantages that you've had". We cannot choose from where we came, but that does not mean we can waive the right to care about the plight of others. The deficiency in the world will always exist, but it does not mean we should give up on providing more people access to their greater happiness.

We all grow up differently, but the thirst for knowledge is universal. When I use English as a means to study in American classrooms, I would think of students in distant rural areas of China. Myriad students must walk a few miles to get to their schools, which suffer from limited teachers and facilities. Sometimes a new book may be a luxury for some schools in extremely poor areas. Thousands of Chinese students now study abroad, but we should not be oblivious to the rural children who are struggling for their lives. Many of them may be extremely talented but are restricted by their resources. As their peer and an international student, I feel obliged to help them realize the greater world that lies beyond their borders.

Reading and travelling can both broaden one's horizons; however, reading is a more cost-efficient means, because a good book is the output of the author's ideas deriving from countless observations, meditations, and conversations. A good book carries the focus of the author's life. Many students in rural areas get few opportunities to step out of their rural towns, but they can know and understand the broader world through reading.

I hope recounting my own adventure provides more people with an idea of life in American high schools to help rural students in China read more literature. Although they may be restrained by resources, they deserve the freedom of thought. Therefore, I will donate 30% of the book's proceeds to create a reading fund in order to help students in China's rural areas who cannot afford their own books.

Mencius says, "In times of hardship, one should behave

himself at first; in times of glory, he should benefit others".
Unequal distribution of resources in the world will exist for a
long period, but I am willing to exert myself to help students in
provincial areas. If one child changes his or her life, even just a
little because of my deed, all my effort will have been worth it.

I am satisfied enriching another life, even if only in a
subtle way, and I look forward to others with the same belief
system contributing and helping students in China's rural areas
have a better future.

Yuhan (Andy) Wang

wongandy@foxmail.com

June 1, 2015

目 录

contents

美国高中，一样的青春，不一样的生活

我曾多次地问自己："你想过什么样的生活？你想成为什么样的人？选择什么样的人生？"成长路上我们遇到过太多的壁垒，我们被禁锢在各种"规则"之中，久而久之失去了自我，习惯了一切"天经地义"的规则。我决定到美国留学，就是给自己一个重新定义生活和未来的机会，给自己一段多彩的人生经历。这里的生活让我充满了面对挑战的喜悦与激情！

为自己送行

90 天前，我还坐在沈阳二中的教室里，饱受着数理化的折磨；90 天后，我即将再次踏上美利坚的土地，去学习，去体验，去感受，去寻找另一个未知的自己。我们永远预测不好自己将来的样子，一年前我不会想到我能够考入沈阳二中，不会想到年级活动中在校外拉到 1600 元的赞助，成为学校的"模联主席"；同样，今天的我也不会想到三年后我将迈入美国大学的校门。梦想是一定要有的，万一实现了呢！

回顾我短短一年的国内高中生涯，虽然有着闪光点，但从我进入沈阳二中大门的第一天起，我就感到了深深的迷茫：参加中国的高考还是出国？主要精力用在学习上还是课外活动上？重点是英语还是数理化？"一艘没有航向的船，任何方向都是逆风。"虽然在高中交到了很多朋友，相处得也非常愉快，但是内心总是隐隐不安。终于在各种机缘巧合之下，我高二就跨出了国门，这样能够更好地提高语言能力，为将来申请大学做准备，其次是更容易融入美国人的圈子，去学习美国的多元文化。

从决定走的那一天起，我的生活彻底改变了。原来的《王后雄课外指导书》变成了现在的新东方；原来的《亮剑》变成了英文小说《蝴蝶梦》；原来的数理化变成了 TOEFL。TOEFL 60 天的学习很快就过去了，当刚刚背完高考英文 3500 词的我看到托福厚厚的词汇书时，我不确定自己能背下来。原来是一周背两课单词，到后来每天就已经能够背完两课，托福考试进步了近 30 分。对于我日夜苦读取得的成绩，自己已经感到很满意了。

"师夷长技以制夷。"制夷倒是未必，但是把美国人的热情、善良、创造力和积极性学到是必须的。我作为家族中第一位即将要接受美式教育的人，深感责任重大。美国高中，我来了！

2013/8/15

雕塑自己的生活
——美国精神的再次探索

未选择的路

——弗罗斯特

黄色的树林里分出两条路，

可惜我不能同时去涉足，

我在那路口久久伫立，

我向着一条路极目望去，

直到它消失在丛林深处。

但我选了另外一条路，

它荒草萋萋，十分幽寂，

显得更诱人，更美丽；

虽然在这条小路上，

很少留下旅人的足迹。

那天清晨落叶满地，

两条路都未经脚印污染。

啊，留下一条路等改日再见！

但我知道路径延绵无尽头，

恐怕我难以再回返。

也许多少年后在某个地方，

我将轻声叹息将往事回顾：

一片树林里分出两条路——

而我选择了人迹更少的一条，

从此决定了我一生的道路。

来到美国已近一个月了，与去年旅行时的走马观花相比，这一个月中我真正开始与美国家庭相处，去感受他们的精神与文化。对于我来说最大的幸福不是美国朋友的热情友善，也不是少得可怜的作业，而是每个人都尊重我的选择。我可以选择和支配我自己的生活，即使有时结果可能不尽如人意，但是我依然相信并欣赏我自己的选择。在这里，我真正成了自己生活的主人，好似米开朗基罗，而我的作品——大卫，就是我自己的生活。我可以选择我喜欢的课程，而不是被一张千篇一律的课程表和海量的作业所束缚。我可以自由支配我的时间，去决定两点半放学后是去参加网球训练还是去参加社团活动，抑或回家休息。

但是这种选择的权利和对应的义务就是对自己的行为负责，在艺术课上我结识了一个台湾同学，他曾经是网球队里的佼佼者，但最后却被迫退出。直到今天当他想重新加入网球队时都会被斩钉截铁地拒绝，只是因为一年前他在网球队中违反了几次规定，认为网球只是一种娱乐而没有认真投入。直到今天，他也不理解教练所说的"运动家精神"。

在我以往经历的中国校园生活中，所有的事情都有人替我们选择完了，我们所做的只是循规蹈矩，按部就班。到目前为止我还清晰地记得初中一位老师说过的话："想要中考拿高分，就是'听话'二字。等你们到了研究生时再自己研究。"然而，我认为，这种方式只能教育出一批又听话又会考试，大多数老师和家长眼中的"好孩子"。如果真是等到研究生时再研究或是做出自己的选择恐怕已经太晚了。这让我想起了我读过的一则故事：

在一次美国家庭的晚餐中，平日工作繁重的父亲对儿子说："明天爸爸休息，咱们全家一起去郊游吧。"儿子说："不行，我明天和同学约

好了！"妈妈马上插嘴："和同学出去吧，千万别爽约！"同样的事情，发生在一个中国家庭里面，当儿子说出明天要和同学出去时，母亲劈头盖脸地说："不行！你爸好不容易有时间，和同学什么时候出去不行？！推了！必须跟爸爸去！"

夜深了，那个美国家庭的儿子跑到客厅，跟母亲说："妈妈！妈妈！我明天和同学的约会取消了，咱们全家可以一起去玩了。"母亲的脸板了起来："是你毁约，还是同学毁约？！为什么毁约？"无巧不成书，中国家庭的儿子也取消了约会，母亲非常高兴，喊着她老公的名字，开始准备明天的丰盛的午餐了。

我觉得能够做出自己的选择并愿意为之承担后果是一个人独立的标志之一。在美国家庭中，父母是爱孩子的，但是他们鼓励孩子去做出自己的选择而不是由大人代劳，他们将孩子作为一个独立的人而不是他们的附属品。这也许就是为什么美国的孩子在思想上比我们更成熟，比我们更容易去领导和规划未来的世界。

2013/9/13

初识美国高中生活

伴随着飞机引擎的轰鸣声，我逐渐飞离了中国的领土，在飞机上仍然有一种度假的感觉，对即将到来的美国高中生活既紧张又期待。

一下飞机，西雅图正下着小雨，不过心中无比激动。我当时的心情仿佛农村人拿到了城市户口一样，兴奋得连时差都没有倒。我们一家住在父亲朋友的乡间别墅，他惬意的生活让我对美国更加向往。随后在西雅图周边玩的几天让我找回了很久都没有体验过的那种"无所事事"的幸福感。每天睡到自然醒，空气中混杂着树林和水汽的味道，一下子像是回到了小时候，无忧无虑，仿佛世界与我无关。

直到去学校报到的路上，我突然意识到以前那熟悉的一切即将离我而去。一进学校大门，一种莫名的紧张感让我说不出话。学校的老主任接待了我们，并把寄宿家庭介绍给我。

随后的几天，我在寄宿家庭里进行了短暂的休整，同时学校组织了很多活动，带领新一届的国际生熟悉西雅图。父母回国后我就开始了全新的美国高中生活。

开学前夜又一次极度的紧张。

开学第一天，我拿着新课表去上我在美国高中的第一节课。老师热情地在教室门口把学生领进教室，还给每个学生分配了一个放置在走廊里的储物柜。上课铃响了，老师开始点名。她把全班同学的名字点了一遍，但唯独没有念我的名字。我有点着急，老师也发现了，她说可能是系统漏掉了，于是就让我坐着先听课。不过我越听越奇怪，我觉得我的英语水平还可以呀，怎么他们说的话一句都听不懂。我开始质疑自己的英语水平了。终于挨到下课，老师带我去了国际学生办公室才搞清楚状况。原来我看错了课表，误入了西班牙语的课堂，而且还是高级西班牙语，上课不用英语全部用西班牙语。我这才松了口气。

不过下课休息只有 5 分钟，我对照着地图冲到了下一节数学课的教室。因为在入学考试中数学还不错，我的数学是和 12 年级学生一起上的（我目前是

10 年级），在课堂上我发现了很多亚洲面孔。后来才知道，我的数学课是微积分入门，还是 honor 的（国内俗称快班），中国人的数学优势马上体现了出来。

接下来的艺术课，老师一说出要求我就整个人傻掉了，居然要求画一幅自画像，这对于五年都没有碰过画笔的我是一个巨大的挑战，只好硬着

头皮找回了一些当年的影子。

在接下来的文科课中，因为我考入了国际学生高级语言班，我的英语在国际学生中显现出了巨大的优势，他们大部分都没有学过托福，因此觉得上课讲的很多东西都听不懂。而我觉得还是很简单，因为出国前两个月经常背单词到凌晨一两点钟，单词量的积累就体现出优势了。地理老师讲的大洲、三角洲、海峡与半岛这些词汇，我不仅认识，还知道它们大概的定义，这让老师对我这个国际生很惊奇。虽然我的英语基础不是很好，但我自从树立了来美国的目标后，我知道英语对我的重要性了，一直努力地去提升自己，甚至在飞往美国的行李里背了五公斤重的托福和赛达的书准备自学。我相信任何努力都不是徒劳的。

在第一天放学时我还很不习惯，因为才刚刚两点半，问了旁边的美国同学才放心。在中国即便小学生也没有这么早放学的待遇吧。想到还在中国学校里埋头苦读到晚上八九点的同学们，不由得开心和叹息。第一天的高中生活尽管出了点小插曲，但这里的每位老师都非常友善，在学校里有一种很舒服和放松的感觉，和国内的气氛截然不同。

放学后坐上校车去参加校网球队的训练，虽然我之前从来没有打过网球，但我想应该和羽毛球差不多吧。另一方面是这边吃的东西热量太高，自己也不想变胖，虽然我的球技水平实在是不敢恭维，但是我在网球队结识了很多美国朋友。每次比赛他们都会给我很大的鼓励，虽然总是输多赢少，但是他们都会在我击出好球时对我说"Good Job"（做得好），即使失误时他们也会说"Nice Try"。

晚上回到家以后，做完每天不到一个小时的作业，再背会儿托福单词，高中生活的一天就这样结束了。

周末时，寄宿家庭还会带我和他们家三个比我小的男孩一起去教堂、去购物。

来到这边不到一个月的时间，就感到自己已经越来越适应美国的生活，甚至有时还会产生一种错觉，觉得自己已经来这里很长时间了，这才是我真正喜欢和想要的生活。

2013/9/14

同一起跑线
——记被推荐进入 regular 课程

由于入学测试完全没有准备，所以被分到了 advanced EFL（国际生英语高级班）。本想向老师申请转去 regular，考虑到每天要去打网球，思忖再三，还是决定在 advanced EFL 先读一学期，到下学期再转去 regular。可能是由于到美国来读高中的学生大部分都是瞬间决定的，没有任何准备，所以英语水平都不是太高。在让我觉得简单异常的 advanced EFL 课程中，居然有国际学生几乎听不懂老师在说什么，所以成绩也着实不太好。我身边越来越多的同学选择到美国学习，抛开经济因素不谈，出国留学的前提是需要熟练掌握一门外语。而掌握一门语言着实不是一件易事。

其中一节写作课所用的教材——《Delta's Key To The Next Generation TOEFL Test: Six Practice Tests for the IBT》（新托福考试备考策略与模拟试题）我在国内已经做过两遍。每次当他们在教室里用中文聊天时，老师都会大声地喊："English！！！"（说英语！！）每当我们下课走出教室脱离老师的视线时，

总能听见这样一句话："终于能说人话了。"听到这儿我忍俊不禁。令我没有想到的是，在国内学习的地理、世界历史在这儿居然都能派上用场。在国内曾经擅长地理的我，指出了潘帕斯平原的地理位

置以及经济结构，让老师赞叹不已。其实这是我在中国临走之前地理课学习到的。记得那次地理好像还考了全班第一。

然而，就当我以为我要继续在 advanced EFL 度过一个轻松愉快的自学托福学期时，一个突如其来的好消息打乱了我在前一天晚上刚刚制订的自认为完美的学习计划。这真是计划没有变化快。周一正当我上 Writing workshop（写作课）时，来了一个同学，让我去二楼找国际生顾问，我当时就有预感可能会有什么重要的事发生，紧张得像我刚进入学校的那天一样手心冰凉。当她告诉我可以进入 regular 课程学习时，我好像收到了一个从远方寄来的礼物。考虑到每天都有的网球队训练的原因，我没有一下子把所有的课程都换成 regular，只是把我所有的英语课都换成了与美国学生一起上的普通课程，还加了一节 engineering（工程设计）。一开始还以为是要教我们如何砌墙呢，后来才发现这门课程是教我们用计算机做 3D 绘图。据说这门课在高中还是很热门的，很多人因为报晚了，都没有报上。

到了新的英语教室，发现除了我之外全部都是西方面孔，他们所朗读的是中世纪的古英语叙事诗《贝奥武甫》，70 分钟的英语课使我昏昏欲睡，因为我理解英文的速度还远远达不到朗读速度的水平，一下子觉得自己的英语真的差好多。但是通过后来的复习，我发现我们所学的版本是已经翻译成现代英语的版本，文字也没有想象的那么难。平均 10 钟能够完全读懂一页，虽然距离美国人的阅读速度还差了很多，但是我自己觉得还是可以接受的，至少不用再和国际生一起去学习已经掌握了的知识。在看完《贝奥武甫》的电影后更加赞叹这部作品的构思精巧。在国内本不喜欢读小说的我，被"充满人性"而顽强勇敢的贝奥武甫所打动，也喜欢上了这个荡气回肠、构思精巧的故事。

每天上学的感觉也越来越好，感觉真正开始了高中生活。虽然我上的课不是美国同学的全部课程，但是已经初现端倪。

2013/9/27

畅游 Amazon
——我在美国的网上购物经历

在美国，没有车寸步难行，学校和家的距离有 18 公里。也正是因为这个原因，我很少去西雅图市中心，因为实在是太远，坐公交车要 2 个多小时。不过这并没有挡住我的购物热情。我有超过一半的商品都是在网上买的，大到行李箱，小到手机壳。3 天邮到，没有假货，一个月之内免费退货。退货时只需要把包裹放在门口，第二天就会有人来取，也不用担心会丢。这些优点使我甚至都不想去实体店了，虽然不出门，但是包裹一个接着一个到，最夸张的是在 20 天之内收到了 15 个包裹。

我的网上购物经历是偶然间开始的，到这里之后一直想要买一个耳机，然而却很难找到合适的专卖店。就自己学着淘宝的样子，看卖家的评价，对比价格，最后在亚马逊网站上半信半疑地订购了一个耳机。三天之后，我收到了我的第一个包裹。接着是第二个，第三个……最后在这个月里一共收到了 8 个包裹，物流的速度也令我很满意，基本 2 到 3 天就能到。每次接到包裹好像是收到礼物一样。当然了，每次在支付以后，老爸的手机就会马上收到一条短信，回头就用微信问我："又买啥了？花了 XXX 美金。"

有一天，他按照惯例问我花 99 美金干什么了，那天我根本没上网，吓出一身冷汗，最开始以为玩游戏的时候不小心碰到什么了，但是游戏中根本就没有 99 美金的项目。之后以为信用卡被盗刷了，银行的电话打不通，人又在外面没法上网。回家后才发现是被亚马逊网站扣了 99 美金，后来才知道，我所享受到的两天送达服务是亚马逊会员的服务，第一个月是免费体验的，一旦过了第一个月就要收 99 美金的年费。在注册的时候没有详细看，只是一直点继续，所以就稀里糊涂地加入了会员。还好后来取消了，由于没有正式使用过两天送达的服务（前一个月只是体验），最后获得了全额退款。网购最主要的就是选择一个靠谱的商家或者平台，这就是我为什么不喜欢 EBAY 的原因。相比之下，亚马逊就要好很多。

在信誉好的网站上网购时还会不小心占到便宜，一次帮妈妈买的化妆水拿到以后发现瓶子凹下去一块，封口处有点漏了。我就给雅诗兰黛官网发邮件说有一瓶有点挤坏漏水了，人家二话不说就给我邮来了一瓶新的。直到把化妆品带回国之后，把封口一打开，那瓶挤坏了的化妆品就恢复了原样。因为网上的卖家能用产品摆平的事，就一定不去冒着损失信誉的风险。

有一次，我在亚马逊买手机保护膜后给了卖家一个差评，并且把已经贴到手机上的保护膜撕了下来，和已经拆开的包装一起邮了回去。因为是产品本身的质量问题，即使已经使用了也是可以退的。一周之后我收到了退款，事情本到这里就应该结束了。几天之后受到了一封邮件是这样写的："我们认真地对待所有的负面反馈和用户体验，因为我们明白，没有产品是完美的。为此，我们不断努力根据这些需求和期望，以改进我们的产品。我们很高兴地通知您，iPhone6钢化玻璃屏幕保护膜已经根据您的反馈意见重新设计。无论你仍然持有原来的产品或已经收到退款，我们想送你一个新的iPhone6钢化玻璃膜并且会负担所有费用，希望你可以给我们第二次机会。"

当然了，天下没有免费的午餐，他们的要求是删除差评，或者重新评价。考虑到他们的态度这么好，我就回邮件说那好吧。不出三天，新的保护膜就寄来了，并且是"根据您的反馈意见重新设计"的。看着这满满的诚意，我在试用产品后上给了他们"全五分"的评价，这就是一个负责的平台所创造出的一个重视信誉的体系。

很多大公司对于学生都有优惠，如果是大学生的话，亚马逊会免费赠送半年的会员给学生，之后如果要继续的话都是半价。在各个网站都尝试过之后，只要能在亚马逊上买到的，我一定在亚马逊上买，因为放心。亚马逊上绝对不会有假货，任何环节出了问题都可以取得24小时在线的客服的帮助。

随着在亚马逊网站上的操作越来越熟练，我也开始在其他网站上购物。当然了，在网上购物的过程中也遇到过无数次需要退货的情况，其中有一次由于系统的错误，连续下了两次退货订单导致UPS（美国快递公司）的快递员在取走了一个包裹后，连续一周，每天都会来我家"试图取走另一件包裹"，每天都像打卡似的，家里的女主人和快递员说了好多次不用再来了，但是他们只按照指示办事，连续骚扰了我们家一个星期。其实回头想想，那个快递员其实也挺无奈的，每天报到，还要在门上贴一个明天再来取货的条，有时美国的制度是挺让人无语的。

英国红茶，日本铅笔，MADE IN CHINA 的我充分享受着网购的便利，不过这是有代价的，快递到得很快，钱花得更快。

2013/10/3

独立面对

想象困难做出的反应，

不是逃避或绕开它们，

而是面对它们，

同它们打交道，

以一种进取的和明智的方式同它们奋斗。

——马克斯威尔·马尔兹【美】

因为没有固定的班级，美国高中每节课都和不同的同学一起上。也没有具体的老师对学生负责。学校所扮演的角色更像是一个组织者，而不是监督者。至于具体的教学计划、课程的设置和难度学校是不会插手的。学校的主要职责是组织各种各样的活动，给学生创造一个良好的人际关系和发展平台。

在中国一切都被安排好了，只要听话把该做的事做好就万事大吉。而在美国没有人会强迫你去参加任何的活动或者社团。每天学校的广播都会告诉所有学生这里的各种活动，自由选择。就是这种自由选择让很多国际生不太适应。

每个人都被给予了同样的机会，要与不要，全靠自己。

在美国高中，每一个人都是被尊重的独立个体，已经习惯了国内生活的都被其他人预先安排好了的我们有时不想或不敢去独立地面对问题，解决问题。我们可以选择无动于衷，但是这会为将来带来无法估量的后果，就像电影中贝奥武甫一样，为了消除自己在 50 年前种下的恶果而付出了生命，当最坏的结果发生时才望月兴叹，只不过后悔晚矣。很多时候，当我们意识到时已经来不及了。

几天前，当我在网上核对数学成绩时，突然发现有一天的作业被扣了 5 分，找到了详细记录才发现是因为家长没有完成注册。想起老师曾经说过国际生可以让寄宿家庭注册。但是我觉得我自己能够掌握我的数学，所以也就没有跟他们说。直到被扣分了才恍然大悟，（一次测试满分才 24 分呀）。我一直在考虑是不是要和老师谈一下这件事，如果我就装作没看到，那么这 5 分很有可能影响我的总体成绩。最后我在网络平台上尽我所能委婉地给老师留了言，不久我收到了回复说她同意为我恢复成绩。

在 10 年级快要结束的时候，所有学生都会开始选择下一年的课，因为有的课很热门所以不是每个人都能够选上。这时候就要在选课单上写出第二选择、第三选择。我当时也没在意，就只选了一节课，最后等到课表发下来的时候我发现有一节课和我选的不一样。本打算去找我的课程顾问，一想还有一个月的时间才放假，所以就一直拖到了最后一周。距离放假还有三天，当我准备去找我的课程顾问时才发现，她出差了。我当时也没多想，觉得等到 11 年级开学再换课也不迟。却未曾料到，11 年级开学以后我想上的那节课已经满员了。我就只好选了一门自己不喜欢的课。这就是遇到问题没有马上解决的后果。

在开学的第一天，几乎每一个老师都对我们说，如果对自己的成绩有异议可以去找他们，但是有很多国际学生不敢去问老师，结果导致了形同上文的无谓的扣分。在这里，提高的不仅仅是学习能力与英语水平，更重要的是提高独立解决问题，与人沟通的能力。

在美国，没人管你，自助者上帝助之。想得到的东西要自己去争，去拼，去抢才能够得到。有无数条路都在那里，至于如何选择就只能是自己的事了。

2013/10/5

"果粉"

还记得初中的一次关于乔布斯的班会，从来没有用过任何苹果产品的我，竟然在讲台上大谈特谈了 10 分钟苹果的产品。当时对于苹果也只是一个模糊的概念。没有想到仅仅一年以后，我竟成了拥有很多苹果产品的"果粉"。每当新产品或者新系统发布时就会很兴奋。

记得中考结束后，去商场购物时做过一个关于苹果三件套的调查，当时毫不犹豫地选择了不会购买"苹果三件套"，因为我觉得有更加经济实惠的选择。每每看到有人拿着苹果的产品既羡慕又疑惑。一方面是疑惑为什么他们会选择苹果？曾经有这样一句玩笑话："用过 iPhone 的人都不好意思说不好用。"另一方面是惊叹于苹果的设计和价格。

然而一年以后，坐在寄宿家庭的沙发上的我就正在用 MacBook 来写东西，这让我想起了一句话："我们都会变成自己曾经讨厌的样子。"虽然不至于如此严重，每当我解锁屏幕时，我都会想到一年前的另一个抗拒苹果的自己。曾经有人说过，三个苹果就能改变世界的进程："一个引诱了夏娃，一个砸醒了牛顿，一个被上帝咬了一口后扔给了梦中的乔布斯，乔布斯把它紧紧握在自己的手里。而这个有缺陷的苹果最神奇，被无数世人追捧、哄抢。"

苹果的产品给人一种简单的感觉，他不会让你看到每一个程序是如何运行的，而只是呈现结果，一切都简单到不能再简单。我现在所在的美国高中，已经逐步将苹果产品融入教学，国际生人手一台配备键盘的最新款的 iPad，每个教室都配备了 apple TV，我们不需要离开座位就可以将自己的 iPad 屏幕同步到投影，这也让我们在交视频作业时很头痛，因为每个人都会在投影中依次展示自己的作业。老师则拿着 iPad 讲课，幻灯片与 iPad 同步，不再像国内老师要用幻灯片时只能被禁锢在电脑前点鼠标。现在老师拿着 iPad 讲课都有几分胜似闲庭信步的意思。

能让我为一个品牌写一篇日志的可能也只有苹果了，它已经成为我生活中的一部分。对苹果的赞美溢于言表，虽然它并不十分完美。

2013/10/9

我还活着

——魂飞魄散的鬼屋之行

万圣节，学校组织学生去西雅图最有名的鬼屋感受节日的氛围。到达鬼屋门口，只见长长的队伍中排着至少 100 个美国人，寒冷的天气外加从鬼屋中传来的尖叫声让本来就人烟稀少的码头显得更加阴森。在排队时我还和朋友开着玩笑，还觉得不就是会有些人扮鬼出来吓你嘛，最多就是被拍一下肩膀，一副完全不在乎的样子，也完全没有任何的心理准备。结束了近 20 分钟的鬼屋之旅，出来之后发现自己已经双腿发抖，吓得说不出话了，感觉半条命已经丢在了里面，第一次发现自己的胆子这么小，即使知道那些鬼都是工作人员假扮的，而且在入口处明确写了没有人会碰你，但是理智在最初的 5 分钟就被击溃了，剩下的 15 分钟感觉像地狱一样煎熬。感觉我来到这个世界以来，还没有过这样的恐惧。过程中真想给他们 100 美金，让他们放我出去，这真是上了贼船下不来呀，回到家后还心有余悸，感觉还没有完全从那段经历里跳出来。

一位装扮成僵尸的老爷爷缓缓地把门打开，当他在关门时我还是很清醒的样子，走在 5 人小组的最后一个，旁边柜台中的僵尸还大声地叫我们快些进去，我那时还算清醒，还不时地回头看看后面有没有人来吓我。走进第一个房间就感觉很可怕，房间里面一个僵尸医生正在解剖尸体，拿着手术刀和肠子冲了过来，前面的女生一下子就叫着往前跑，此时的我理智尚存，还冲她挤出了一个微笑。但是到了第二个房间我就再也笑不出来了，转盘挂着的尸体不停地旋转，发出吱嘎吱嘎的响声，我还在心里赞叹着美国鬼屋气氛营造得如此之好。前面的女生一直扶着她前面女生的腰，我还觉得她胆子很小。不断有僵尸往我们面前冲过来，感觉自己的理智已经一点点地被黑暗、尸体残片、不断出没的丧尸吞噬……走了大概 5 分钟，已经完全失控了，紧紧地扶着前面女生的腰。强闪光灯使我的眼睛不能看到连续的画面，只能看到一张接一张的恐怖的图片。永远不知道下一秒会出现什么，也看不清自己在哪里，更顾不上自己的后面有没有人了，只是尽量不睁开眼睛。不断有僵尸在我们的耳边吼叫，电子音效与人工完美的配合，到这时已经不敢睁开眼了，任凭他们的吼叫。

最令我恐怖的一处是一个充气走廊，我们被两面的充气墙紧紧地夹着，比我们略高的充气墙上摆满了断肢断臂，有的还会垂下来，"抚摸"我们的脸颊。突然，从墙上跳下了一个僵尸，让我的同伴都不敢前行。当时我真的已经被吓得魂飞魄散，前所未有的恐惧，只能紧紧地抓着前面女生的腰，也管不了那么多了，硬着头皮穿了过去。就在这时，一个拿着电锯的僵尸在走廊的拐角里闪现，我被吓得完全不敢睁开眼睛，只能通过声音判断他是否已经离开了。前面的女生被吓得险些摔倒在地上，感觉在此时语言已显得苍白无力，只有那种无法名状的恐惧。也许没有去过这座鬼屋的人永远无法理解这种感觉，当然也包括进去之前的我。

我们的 5 人小组几乎是抱在一起出来的，出来的时候已经吓得说不出话来，险些摔倒，感觉已经魂不附体，一下子扑到了老师的怀里。感觉行为已经完全不受大脑支配了，直到走到了停车场才恢复些许的理智，在之前好像只说了三句话"我把英语忘了","我把半条命扔里了","这辈子从来没有感觉这么害怕"。一直不断地重复着这三句话，因为大脑已经不知道如何组织语言了。

直到这篇日志即将收笔之时，还是感觉心有余悸。这是我的第一次鬼屋之旅，我想也很有可能是最后一次。回来的路上还和老师说，我永远都不会忘记今天。

我还活着。

2013/10/28

美国的 party 文化

除了市中心，美国街上行人寥寥无几，让人不免有种孤寂之感。习惯了中国大街小巷上的人来人往，灯红酒绿，车水马龙。再反观美国大街上的冷清，不禁让人感到不解，美国人是出了名的好玩，但是从表面上却一点也看不出来。人是一种群居动物，孤独是人类的一种自然属性。这也解释了为什么在这边的两个月里，每当我看到中国人总是忍不住凑上去聊几句，为的就是听一听乡音，找到自己的归属感。

派对是英文 Party 的音译，英文为"Get together、by Invitation、for Pleasure"，它说明派对应具备三要素，首先派对是个聚会，其次派对要有个主人，最后指出了派对能制造欢乐。美国人正是通过这种方式来使大家聚到一起，从而找到自己的归属感。两个月中已经参加过几个 party，几次是寄宿家庭的 party，之后是一个中国同学的 18 岁生日。每次派对带给我的感觉都不同，让我感觉最好的应该是国际生的新年 party 了。

参加寄宿家庭亲戚家的 party 时，因为几乎没有认识的人，所以感觉 party 很无聊，只是大家在一起看电视，吃东西，聊聊天，然后就草草离开了。第三

17

次 party 是为了庆祝男主人妈妈的 80 岁生日，在我的寄宿家庭里举办的生日聚会，当真正身处其中时，就会发现 party 的乐趣。女主人一大早就出去买纸杯，一次性盘子，饮料，葡萄酒，10 包面条，还有大概 100 多个鸡翅（烤得超级好吃）。本来很宽敞的屋里一下子挤满了人，亲戚家的 7 个孩子在铺了地毯的地板上大呼小叫，大人们则在一起聊天。吃饭时坐在我旁边的是一个同龄人，我就与她攀谈了起来，结果越聊越起劲，从网球聊到学习，她的父母后来也加入了。因为都是亚裔的缘故，她的爸爸看起来像是中国人。唱生日歌吃蛋糕时，蛋糕上居然插了 80 根蜡烛，只见蛋糕上火光一片，有人开玩笑说要把消防车都叫来了。80 高龄的老奶奶很健康的样子，一两口就吹灭了所有的蜡烛。与她同一天生日的还有亲戚家一个 5 岁的小女孩，送给她的礼物几乎要把她淹没，足足有两个大编织袋。可能是因为年龄最小的缘故，所有人都很喜欢她，又亲又抱的，这让我想起了过年时家里所有的亲戚总是要对最小的孩子格外爱怜。等看电影时累得几乎要睡着，不过还是很享受那种大家围坐在一起的氛围。那天从下午四点一直忙到将近凌晨一点半才睡下，虽然精疲力竭，内容也没有什么新奇之处，但却改变了我对 party 的印象。

第四次是参加一个学姐的 18 岁生日 party，这个 party 最大的特点就是具备了鲜明的中国特色。唱歌，电脑游戏，真心话大冒险，还偷偷摸摸喝了一些在国内再正常不过的，但是在美国 21 岁以下饮用违法的酒精饮料。过程中还是挺有意思的，让我回忆起了在国内同学聚会的场景。

在即将结束时，一个消息让还在她们家的我们吓出了一身冷汗，有一个同学喝了一些酒，在高速公路上超速被警察抓了，与他同车的人也被查出了未成年饮酒。醉驾已经不是学校处分的问题了，很有可能被遣返回国。不过还好，由于他没喝太多，又过了很长时间，所以没被查出饮酒，让我们悬着的心也放了下来。

每当过年的时候应该是国际生最想家的时候，看着国内的朋友合家团聚，心中还是有些不是滋味，虽然我知道这就是出国留学所必须付出的代价。不过在 2015 年中国农历新年，一个国际生的寄宿家庭同意她在家里组织一个 party，20 个国际生在周五放学后去她家包饺子，做饭，打麻将，一起看春节联欢晚会。这种感觉就像回家了一样，大家其乐融融好像一家人。

每次 party 都给我一种独特的感受，美国人对朋友开放自己的家，品尝着互相的拿手好菜，在一起看球，玩游戏，远比五星级酒店一次豪华宴席更令人难忘和亲切吧。

2013/11/13

美国高中都在学什么？

目前，中国已成为全球最大的留学生输出国，留学生正以每年 20% 的速度增长，是什么让这么多中国学生花着高额的学费跑到世界各地去学习呢？

第一个学期即将结束，我感到了中国的教育体系与西方的差异是本质上的，两者的出发点是截然不同的。而英美教育体系是以"通识教育""实用主义"为指导原则。学生从中学开始自主选课，学习是以自己的兴趣为主要导向，而

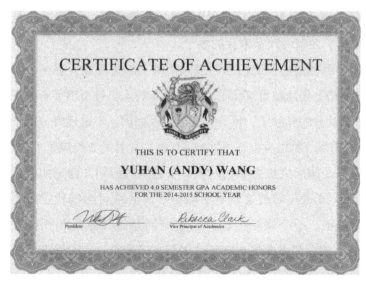

学习并不是生活的全部，甚至不是生活中最重要的部分。在美国，没人会因为学习成绩好而羡慕你，因为成绩都是相互保密的，如果你不想透露，任何同学都不会知道，也不会因此产生过大的心理压力。

"文倾向"的美国高中生

与中国的"学好数理化，走遍天下都不怕"相比，美国绝大多数的学生从小就接受严格的阅读训练，而不是数理化训练。我在第一个学期中读了3本英文作品，分别是古英文叙事长诗《贝奥武甫》，汇集了欧洲中世纪文学中的各种主要类型的《坎特伯雷故事集》，还有莎士比亚的悲剧《裘力斯·凯撒》，这些都是英文中的代表作。阅读量远远超过国内一本薄薄的语文书所提供的几十篇文章。在国内很难有机会进行自主课外阅读，这种感觉自从上高中后尤其明显。国内的作文仍令我"记忆犹新"，如同"戴着脚镣起舞"，尽是些矫揉造作的文字。在美国的高中强调的是严密的逻辑思维与推理论证，如果所用的辞藻过于浮夸，词不达意，老师会在批改时把它们全部改掉。

写到这里，我又想起了寒假作业——围绕《凯撒大帝》写1000字的Essay，我就慢慢写吧。考试时有时老师会允许2人一组共同答题，甚至考试的满分是以全班最高分设置，而不是100分，考察的内容也是上课所学的内容。

一般一份卷纸的构成分为以下几个部分：首先是判断题，基本占总分的百分之三十，考察的内容基本是谁做了什么事。有一次做题时，我得出了和答案相反的结果，但我用另一种观点也解释得通，老师居然把分加给我了，这在国内答案就是唯一标准的情况下几乎是不可能的。其次是"简短回答题"，考察人物的性格或重要事件的细节。最后是"引用题"，题目引用一段原文，问这句话是谁对谁说的，以及本句话为什么重要。由于都是古英语，好多单词连词典中都查不到，只好放弃直接读英文原版的方法，而是先读一次中文版的，由于上课选的书都很有名，所以中文版的也都能找到。考试时的感觉也还不错。英语可以算是我 10 年级所有科目中最有挑战性的科目。

选课自由　通识教育

在美国的高中，学生在学期开始之初都会根据自己的学分要求以及自己的兴趣选课，在国内几乎已经被数理化挤占的体音美，在这里也成了必修课。并且这些课的质量一点都不逊于国内的"主科"。这学期虽然我选的美术课是入门课，但是我学到的知识要比中国十年累积起来的还多，玻璃艺术，透视画法，虽然每种绘画法都只是学习基本理论和进行一些简单地实践，但还是给我一种截然不同的感觉。第一次用粉笔作画，第一次用金刚石玻璃刀切割玻璃，第一次使用两点透视法……体育课的多元化也使我印象深刻，一个学期内我们学了篮球、橄榄球、足球、羽毛球、曲棍球等大概十几种运动，每种运动都是浅尝辄止。

其他科学以及数学课的指导思想也大概如此，听 11 年级的同学说，一年科学课所涉及的知识面是超过中国整个高中知识面的（物理，化学），但是难度实在不敢恭维，所有的题目感觉只是考查最基本的公式。与我上的数学课差不多，基本是讲什么考什么，每次考试前老师还会

给一张复习的题单，上面列的题的难度比教科书上的难度偏小，并且真正考试时基本只是将题目换一个数，甚至还会有原题。这使在国内高中数学只及格过一次的我一下子成了班里的优等生，在国内总是我问别人数学题，而在这里，每天都会有同学主动问我题目，当学霸的感觉是不错。不过我自己感觉我对数学的喜爱已经被国内的初中和高中磨得所剩无几。

美国老师讲课的最大特点就是东聊一句西聊一句整堂课就结束了，后来我发现，他们其实是兜了好大一个圈子让我们对与其相关的事物产生兴趣，进而加深对概念的理解。与国内的以老师为中心不同，这里是以学生为中心，感觉数学老师一学期说的话都没有国内数学老师一周说得多。这也是由课程难度的设置决定的，高考模式决定了只有以老师为中心才是最有效率的课堂模式，而美国的所谓启发式教学是需要以学生为中心。

站在科技前沿

3D 打印机，这个远远谈不上普及的，尚处于概念级的产品居然在学校的3D 建模课上出现，看到自己在电脑上设计的模型使用 3D 技术打印出来，我真切地感受到了科技的力量。与中国课堂上的"纸上谈兵"比起来更多了一份亲手操作的经验。"知道"与"做过"的收获远远不同。3D 建模课上那位胖胖的老师十分热心，基本一节课就是不断地指导遇到问题的同学。这也是我唯一一门得了满分的课程，因为他对学生几乎没有硬性要求。偶然一次路过经济学课堂的门口，一屋子的苹果一体机一下子打动了我这个"果粉"的心，下学年一定要修一门他的课，先不管讲的是什么了，就冲着一屋子电脑去了。国际生人手一台配备键盘的 iPad，每个教室都配备了 Apple TV，绝大多数老师对于电子产品接受程度还是很高的。学校里还配备了无线网络，网速可以达到 8M带宽。

2013/12/25

校队的故事

在中国就耳闻美国学校校队的丰富性以及专业性，每个季节都有对应的体育项目，并且美国高中对于校队的重视程度甚至重于学习，例如我所参加的网球队在开学前一周就开始训练，在周末或者节假日时，即使学校只上半天课，网球的校际比赛也会照常进行。每个运动项目根据情况不同，大概会持续两到三个月，之后就是下一个运动季。几所学校之间会结成一个校际联盟，会在各种体育项目上比赛，就像最初的常青藤联盟一样。以下是每个季节中会开展的体育项目表：

Fall Sports（秋季）	Winter Sports（冬季）	Spring Sports（春季）
Cross Country（长跑）	Boys Basketball（男子篮球）	Baseball（棒球）
Football（橄榄球）	Girls Basketball（女子篮球）	Fastpitch（垒球）
Golf (co-ed)（高尔夫）	Gymnastics（体操）	Boys Soccer（男子足球）
Girls Swim and Dive（游泳与潜水）	Boys Swim and Dive（游泳与潜水）	Girls Tennis（女子网球）
Girls Soccer（女子足球）	Wrestling（摔角）	Track & Field（田径）
Volleyball（女子网球）	Boys Tennis（男子网球）	

秋季开学前夕，为了保持体魄强健和认识更多的朋友，我就决定加入学校的运动队。各个体育队的教练有很多都是学校老师兼任，教长跑的是地理老师，教棒球的是美术老师，最有趣的是我们的神父居然是教乒乓球的，而且听说只被一个中国学生击败过，除此之外是百战百胜。因为美国人特别注重自己的兴

趣，所以在自己的爱好上会格外精通，在美国就会出现数学是体育老师教的情况。刚开始时想去练长跑，但是一听每天都要跑 8 公里到 16 公里时，我想还是算了吧。看过一次橄榄球队的训练，估计我这体型进去会直接被撞飞。后来又想练篮球，但是不得不佩服美国人的篮球水平，据说学校建校以来只有一个中国学生进入了篮球队，剩下的基本预选时就都被刷掉了。在美国能进入篮球队是一种荣誉，甚至比成绩好更令人敬佩。在这边成绩永远是保密的，更没有所谓成绩排名之类的，所以对于一个学生的考量很大程度是取决于他的爱好和特长。

最后经一位老师介绍就阴差阳错地加入了网球队。第一天去网球队发现其他人已经开始训练一周了，原来网球队在开学前就开始训练了。对于连网球比赛都没看过一场的我，凭借着羽毛球的基础（哈哈，球拍大小差不多）和初生牛犊不怕虎的精神就这样开始了我的网球校队经历。网球队的同学有很多是从小就一直在打网球，网球队队长也是我数学课的第一个同桌，经常请假去打巡回赛，锦标赛，而且已经进入了州冠军的决赛。他还经常和我开玩笑说："你教我数学，我教你网球。" 网球教练一共两位，男教练 Ryan 是学校初级代表队的教练；女教练玛丽安（Maria）个子不高，一头金发但运动感十足，是校正式代表队的教练。后来听同学说女教练是网球队队长的妈妈，再看他们的面孔才觉得有几分相像。在美国，因为人工成本很高，所以教练这个职业其实是属于中高收入的。一边做着自己喜欢的事，一边还有高薪领，不得不让人羡慕。

每天的训练基本分为体能训练、技术训练和小组练习。玛丽安为我们在正式练习开始前安排的体能训练很是严格，大约要进行 30 到 40 分钟，内容基本是跑步 1 公里外加大概共 200 次的仰卧起坐，俯卧撑，伏地挺身，还有一个四肢着地往返的项目，除此之外还有许多叫不上

名字的让我们精疲力竭的体能训练项目。也会经常有小组比赛，比哪个小组完成全部项目的时间短，这也算是另一种形式的督促。当然了，由于在国内经常练俯卧撑的关系，每当做俯卧撑时看他们痛苦的表情，我就会暗自得意，不过长跑每次都会在最后一个梯队。接下来就是网球技术练习了，两位教练从如何握拍开始教起，当然了，最初的几堂课只教我一个人，因为别人都已经打了好几年网球了，很少有完全没有基础的同学来参加运动队，我是个例外。整体感觉就是外国人在教东西时比较灵活，重视实践而对于理论不是特别较真，比较个性化，但总体方向都是对的。最开始的几次练习，基本是把球打得满天飞，周末向教练借了 3 个球，想回家自己试着练练，结果最后把 3 个球都打得不知道飞到哪里，当天的练习也就算结束了，现在想起来也蛮有趣的。最后的小组练习，队友也都很照顾我，每当打出一记好球，他们都会对我说"Good job！"或是"Good staff!"（做得好）。

在我参加的最后一场校际比赛时，我以 6 比 2 战胜了对手，连教练都不敢相信，我告诉她成绩时还问我到底是谁赢了。然而在那次比赛中我不幸把腰闪了，结果导致第二天腰疼得连床都下不了，在床上躺了整整两天。第二周也没办法参加网球训练和上体育课了。上学时走路都不敢走得太快，怕影响到腰伤。

当我一周后回到网球队时，正好是网球队的结束 party，几乎所有的家长都来了，还有各种炸鸡、比萨……在那一天我们都相约明年再见。我们从最初陌生的队友，到现在已经成为要好的朋友。大家之间互相开着玩笑，这使我想起了每天训练时的场景。阳光普照，我们自由地在网球场上挥洒着汗水，享受着属于自己的时光。我还获得了杰出队员奖，想想国内的同学在下午三点一定还在上课，做题，而我正在地球的另一端，享受着生活，想家的感觉也就顿时减少。

就这样网球队的日子告一段落，接下来的冬季运动项目只有游泳比较适合我，在参加游泳队之前觉得自己肯定没问题，因为虽然游泳水平比较一般，但是至少也学过，不像网球，之前完全没有接触过。进到游泳队的第一天我就完全震惊了，40 分钟的准备活动对已经饱受网球队历练的我不是什么难事，但是游泳练习一开始直接吓到我了，蛙泳、自由泳、蝶泳、仰泳，一项接着一项游。因在国内蛙泳是最基本的，所以在蛙泳这项上我不会被落太多，但是到了别的泳姿，差距就一下子拉大了。每天的游泳训练对他们来说很简单，但是对于我来说，每天游泳训练都在透支自己的体力，每天都昏昏沉沉的，晚上9点就困得不行。本来想挺过去，结果两周后实在受不了体力的透支就退出了游泳队。回想起那两周真是十分的艰辛呀，每天都要连续游大概800米，第二天上课时老师还以为我病了。

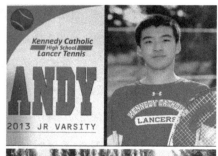

美国的高中生几乎没有戴眼镜的，在校园里戴眼镜的差不多都是亚洲面孔。这也许和美国人的大运动量有关，眼睛可以接受太阳光充分的刺激。在国内大型考试时，尤其在作文科卷纸时，眼睛看久了感觉会花，而在美国这种眼花的感觉极少出现。

总体来说，校队还是一段很有趣的经历，在锻炼身体，结交朋友的同时，至少让初到美国的我找到了归属感。

2014/1/4

哪能一个考试就放过你？

——美国高中课程设置及测评标准

美国不以考试成绩作为选拔人才的唯一标准，听起来就像是天堂呀，但其实除了Exam（考试），我们还有Quiz（周练小考），Response（250字小作文），Essay（1000字大作文），Individual Project（个人研究作业），Group Project（组

作），Presentation（讲演报告），Classwork（课堂作业），Homework（家庭作业）。哪能一个考试就放过你，正可谓：Due（作业上交期限）漫漫其修远兮，吾将 Due（diu 读四声）Due 而求索。

这种根据日常表现评价学生的理念就导致了学生要"均匀用力"，也给予不擅长考试的学生一个得高分的机会，因为只要认真完成作业，课堂积极参与就会得到近一半的分。以我所在的英语课为例：

Oral Participation	10% of SEM 1
Quizzes/Tests	25% of SEM 1
Summer Reading	5% of SEM 1
Vocabulary	10% of SEM 1
Written Work	25% of SEM 1

其中作业占 25%，课堂参与占 10%，考试占 25%，假期作业占 5%，单词占 10%，写作占 25%，最后的成绩是受以上 6 个因素共同决定的，而不仅仅是由单一的考试成绩决定。

在地理课上老师经常会留一些调研性作业，老师只给出一个主命题，其他完全由学生自己查找资料，并写出一篇总结报告。在数学课上做小组作业时，评分标准不是谁能把题目解出来，而是哪组用的展示方法最有创意就会得到双倍的加分。还记得在那节数学课上，有把数学题编成 Rap（说唱）的，有穿着一身棕熊服装只露出眼睛的，还有一边讲 PPT 一边弹吉他伴奏的，总之把题讲好不是目的（其实也根本没人听），就是看谁有创意，就会拿双倍的分。还有一种我至今都不明白的作业，像是地下工作者接头一样，就简称为"特务作业"吧。具体是这样实施的，在一个月黑风高的晚上，每位同学都会收到一条从 Edmodo（老师留作业的软件）发来的绝密信息，例如将本周的课程计划打印一份，在某日某时交到老师指定的地点就会得到相应的 extracredit（额外加分），要是没看到这条信息的就只能望着自己本来就不高的成绩兴叹了。在美国高中可选的课程种类多得惊人，整个高中提供了涵盖文学、数学、科学、世界语言、

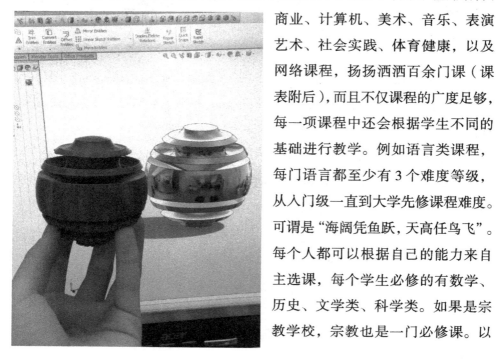

商业、计算机、美术、音乐、表演艺术、社会实践、体育健康，以及网络课程，扬扬洒洒百余门课（课表附后），而且不仅课程的广度足够，每一项课程中还会根据学生不同的基础进行教学。例如语言类课程，每门语言都至少有 3 个难度等级，从入门级一直到大学先修课程难度。可谓是"海阔凭鱼跃，天高任鸟飞"。每个人都可以根据自己的能力来自主选课，每个学生必修的有数学、历史、文学类、科学类。如果是宗教学校，宗教也是一门必修课。以

我在的学校为例，取决于不同的日程安排，每天上 7 门课或 5 门课。上 7 门课每节课 50 分钟，上 5 门课时每节课 70 分钟，课间休息 5 分钟，午休基本是 25 分钟到 40 分钟不等。因为美国的教科书几乎都是像字

典一样的硬书皮，1000 多页的科学类教科书很常见，这就需要我们在 5 分钟的时间里跑到自己的储物柜中去取下一门课的书，然后再跑到下一节课的教室。如果跑得够快的话还可以去一趟卫生间。不过老师也很理解我们，可以随时去卫生间，甚至有的老师在门口准备了一张纸，谁要出去的话都不用与老师打招呼，直接在纸上签字走人。更有一位老师还对我们说："学校是监狱吗？想出去自己去就行了，如果问我的话我就不允许你出去了。"在美国高中，老师基本分为两种：新派老师与旧派老师。新派老师就是比较注重课堂气氛，在他们的教室里是可以一边上课一边吃东西的，有时老师还会主动给我们发一些糖果之类的，与同学的关系也更像是一位朋友而不是老师。所谓旧派老师，就是上课很严肃，注重师生关系，对学生要求也相对严格。

总的来说在美国的学习，天资只是一方面，只要肯努力就会得到一个满意的分数，不过我一直对我英语课同桌（美国人）英语 26 分的成绩感到好奇，到底谁是以英语为母语的学生？我还对他开玩笑说，要不我帮你补补课？

附：中文版课表（翻译不到位，敬请谅解）

课程列表

S = 学期 Y = 年

业务和技术

自主生活 BE1130 S

电影制作 / 研究 1 AR/BE1001

电影制作 / 学习 2 AR/BE1101

计算机辅助设计 1A BE1206 S1

计算机辅助设计 1B BE1206 S2

经济学 SS1203

商业法 BE1207 S

会计　BE1103

Solid Works 设计入门 BE1208 S

ENGLISH

毕业纪念册编辑 LA1214 S

荣誉英语 1/ 世界历史 LA0901I

英语 1 LA0935，LA0940

英语 2 LA1035，LA1040

英语 2 荣誉 LA1001

英语 3 LA1135，LA1140

英语 APlit.（荣誉）LA101

英语四级　西雅图大学创意思维（荣誉）LA1234，LA1235

英语四级　戏剧 LA1246

英语四级 创意写作 LA1274

英语四级 全球视野，LA1271

英语四级 电影文学 LA1273

英语 4 UW 华盛顿大学写作 131 LA1279

FINE ARTS

工作室绘画 AR1111 S

入门艺术 AR0906 S

入门黏土和雕塑 1A AR1101 S1

入门黏土和雕塑 1B AR1101 S2

染色玻璃 1A AR1107 S1

染色玻璃 1B AR1107 S2

电影制作 / 研究 1 AR/BE1001

电影制作 / 学习 2 AR/BE1101

艺术鉴赏 AR1106 S

艺术助理 / 助教 AR1205 S

音乐会乐队 MU0905

管乐团 MU1110

室内乐团 MU1203

爵士乐团 MU1101

合唱团 MU0912

肯尼迪歌手 MU1202

男子合唱团 MU1010

神剑高级乐团 MU1104

美国流行音乐 MU1108 S

基督教艺术和音乐 MU1115

音乐理论 MU1120

戏剧入门 FA0900 的 S

戏剧 FA1000

戏剧表演 FA1100

U HEALTH AND FITNESS

健身 PE1103 的 S

健康 PE1015 S

重量训练 PE1100 的 S

高级重量训练 / 运动健身 PE1202 的 S

瑜伽 / 室外活动 PE1107 的 S

MATHEMATICS 数学

代数 1 MA0903

代数 2 MA0917

荣誉几何 MA1001

几何 MA1002

暑期课程：几何 MA1008I

中级代数 / 三角函数 MA1101

数论 MA1225

代数 2 MA1103

荣誉代数 2 MA1128

微积分预备 MA1108

入门微积分（荣誉）MA1124

初级微积分（荣誉）MA1129

AP 微积分（荣誉）MA1204

AP 统计 MA1220

RELIGION（宗教）

耶稣基督的启示，RE0911

道德 RE1017/18

教会与圣礼 RE1125/26

西雅图大学荣誉课程社会正义 / 公共政策 SS/RE121，SS/RE122

基督徒生活方式 RE1201 S

天主教社会教学 RE1213

社区服务 RE1202

世界宗教

SCIENCE 科学

物理科学 SC0915

生物学 SC1002

荣誉生物学 SC1015

综合科学 SC1212

化学 SC1102

荣誉化学 SC1101

物理 SC1202 S1

生物技术 SC1130

解剖学和生理学 SC1215

AP 生物 SC1216

SOCIAL STUDIES

世界历史 SS0901

荣誉世界历史 / 英 1 SS0901I

美国历史 SS1101

AP 美国历史（荣誉）SS1101I

荣誉公共政策 / 社会正义 SS/RE121，SS/RE122

美国政府 SS1235

经济学 SS1203

当前问题 SS1209

地理 SS1242

文化人类学 SS1243

环太平洋研究 SS1236

U WORLD LANGUAGES 外语

法语 1 WL0903

法语 2 WL1003

法语 3 荣誉 WL1113

法语 4 荣誉（UW FR103）WL125

德语 1 WL0901

德语 2 WL1001

德语 3 荣誉（UW GR103）WL121

西班牙 1 WL0902

西班牙 2 WL1002

西班牙 3 荣誉 WL1102

西班牙 4 荣誉（UW SP103）WL123

西班牙 5 荣誉 WL133

西班牙 1 语 WL0912

西班牙语 2 WL1012

拉丁 1 WL0904

拉丁 2 WL1004

拉丁 3 荣誉 WL1104

拉丁 4 荣誉 WL1220

美国手语 1 WL0905

美国手语 2 WL1005

美国手语 3 荣誉 WL1106

国际通信联络 MI1204 S

教师 / 办公室助理 S1 MI0007，S2 MI00072 S

领导力 MI1208 S

领导力二 MI1209 S

自习 MI0903 S

ü 特别课程 / 国际生

中级英语语法 LA1000

中级英语文学 LA1100

中级英语 通信 / 阅读 LA1027

中级英语美国历史 SS1100

中级英语世界历史 RE1100

高级英语写作 LA1123

高级英语华盛顿历史 / 美国政府 SS1239

高级英语地理 SS1237

高级英语耶稣基督的启示，RE1120

高级英语文学 LA1243

GIANT 校园网络课程

计算机科学 1

计算机科学 II

入门 C ＋＋编程

Flash 游戏开发

数码艺术一

数码艺术二

游戏设计

音频工程

Flash 动画

绿色设计与技术

创业入门

创业入门 II

市场营销导论一

市场营销导论二

个人理财

入门企业

入门商务

入门健康科学 1

入门健康科学 2

2014/2/10

美国语文课与美国好老师

美国 10 年级的语文课从某种程度上来看，更像是一堂文学历史课，所学的主要内容从现存的古英语中古老的作品《贝奥武甫》叙事长诗开始，到英格兰 "英国诗歌之父" 乔叟的《坎特伯雷故事集》，紧接着便是文艺复兴时期莎士比亚的悲剧《裘力斯·凯撒》，然后是新古典主义文学——讽刺小说《一个温和的建议》；随后是英国浪漫主义诗歌，最后以维多利亚时代的小说《爱丽丝梦游仙境》《彼得潘：不会长大的男孩》，以及一本可以自由选择的维多利亚时期的文学作品告终。短短一年时间几乎涵盖了 20 世纪前整个英语文学体系的代表作。其中除诗歌之外，所有的作品都被改编成电影，足可以见得这些作品的重要地位与影响力。

与国内全市统一的标准教科书不同，美国高中的课程设置只有对于学生读写、认知能力、表达能力和文学体裁的要求而没有统一要求的阅读书目，每所学校，每个老师要求学生所读的书目都有所不同。没有那些连作者都答不上的阅读题，也没有矫揉造作、无病呻吟的作文，只有严密的逻辑，历史的印记与真实的情感。

美国的思想品德教育是通过英语课而不是宗教课而完成的。通过读小说来引导学生的思想，往往比空洞的道德说教有效。我们所读的书中有很大的比重是对于人性、爱以及人与人之间关系的探讨。当我们认为一种观念是正确时就难以质疑其本身。比如 "站在他人角度思考"。很多时候，只是知道有这么一回事儿没有真正地理解。而阅读提供了一个情景来让学生自己去质疑。通过质疑所找到的答案与原本只是被动地接受的效果完全不同。

每次开始一部新的作品前，老师都会发一份学案，上面标明了整个单元的小组作业，论文的要求，如何在论文中引用原文的指导，有时上面还会有一些针对重点的内容的练习。然后，老师就会对作品的写作背景、作者、主要内容、文学体裁进行分析。通常情况下，这几项只会花费很短的时间，只有大概半个小时。然后就会开始读课文，在出现生词或者重要情节时她会停下来简单地解释一下再继续读课文。每读几章的内容后（大概 2~3 周）就要写一个 200~300 字的段落，或者是一个 project（包括海报，视频，剪贴画，甚至有时是不限形式的作业，也就是说可以用任何形式表达自己的理解）。

这还仅仅是普通英语课程的要求，honor（荣誉课程）的作业量，尤其是写作量是普通课程的 3~5 倍。至于 AP 英语（大学学分先修课程），每两周 1 本小说，一堆论文，估计就只有顶级学霸能应付得了吧。完成整本书后就会有一个考试，基本上就是故事情节以及一些手法的应用。例如在《裘力斯·凯撒》中安东尼又一次改变整个时间进程的讲话，让我们为你分析其中三句话用的是什么手法：情感说服、逻辑说服，还是引用说服。英语课阅读最大的难点不是大部头的经典作品，而是夹杂了很多方言或者年代久远的书，书中的很多表达早已过时。

还记得我在进入这个班级前就听说，我的英文老师是学校赫赫有名的 GPA4.0 杀手，自称 Mrs. V，看这霸气侧漏的名字就知道她对学生要求极其严格。因为在她的普通班里都没有一个总分 A（93 以上）的学生，总成绩过 90 的只有一名同学，而且是在除了我别人都是英语母语的情况下。就是这位曾经去过 40 多个国家，喜欢把回形针掰得七八糟，有猫恐惧症，狂热的足球迷（有次还和我说中国女足不错，男足就算了吧），一头金色卷发的 V-plas 总是让人又爱又恨，有一种特别的气场。我经常和同学开玩笑说她有一种邪教领袖的气质，能让一班的同学拼死拼活地完成她布置的作业。每次在交她的期末大作业的前一天，同学们互相打招呼都是问"昨天几点睡的？"之后互相嘲笑。很多人甚至通宵不睡去把期末的大作业赶完。我有个美国朋友和我说她前一天请假去赶这份作业，从第一天上午 10 点一直写到了第二天的凌晨 5 点，之后只睡了一个小时来上学交作业。最夸张的是我有一位美国同学熬夜写了一整晚之后，在第二天早上要去学校时晕倒了。但即使这样，她还是在放学之前去学校把作业交了。曾经读过一首诗，大体的意思是：教育的秘诀只有两个：第一点，爱学生；第二点，还是爱学生。她从来不会因为学生没有完成她的作业而发火，她给我留下印象最深的一句话是："作为一个老师，最痛苦的事是怀疑作为老师的价值；觉得上课在浪费时间，而学生什么也没学到。"还有一次在上课时她让一个因为打网络游戏而睡着的同学去学校办公室睡。也没有对那个男生进行任何的处罚。她终是关心我们是否真正学到了知识而不是过于关注获取知识的途径。

Mrs. V 有着鹰一般锐利的眼睛，每次当我把论文拿给她让她批改时，她总是说我的边距不对，接着在纸上画了一条线，说应该是这么长。回去我拿尺子量了量，误差在 1 毫米之内，扫一眼就能发现我的引用不正确或少打了一个空格，就更不用说我那千奇百怪的语法错误了。其实最悲惨的并不是被挑出语法错误，而是你用尽了毕生的词汇量，N 个从句编出来 50 多字长达 3 行半的一句话，但是老师完全不知道你要说什么。

虽然她是我见过的最严厉的老师，但是对我——班级里唯一的国际生，还是很照顾的，每次交作文前我都会把我的作文给她先批改一遍以求更高的分数；有时在课间休息时也会有意无意地提起我，比如我要在校园文化节演奏笛子。还记得有一次周末，老师留了背单词造句的作业，而我认为这些单词都在我们当时学的书里，但是无论如何都找不到，结果周一交的时候我去问老师说在书里没找到这些单词，老师就和我解释了要自己用单词造句。最后在那天没交的是 0 分，晚交的是 50%，而我在第二天交时拿的是满分。有一次生病没去上学，过了一周才发现那天有一个小考，去找老师时她还和我说缺席要第二天来补考，但是最后还是同意我放学之后来补考了。

我和同学都把她戏称为"神一般的存在"，我想英语老师可能是世界上阅读量最大的职业了，每个老师至少带 4 个班，80 人，每人每学期平均要写 5000 字（包括 honor classes），估计每天都在改我们的论文吧。另外还需要掌握自选书单里的每一本书，我们只需要在十几本书中选一本就好了，而她要全部读完。这应该就是"美国好老师"的典范吧，严厉但不失温情，热情与理性并存。

2014/3/16

我的一份英语作业

　　我的这份英语作业是基于"英国古诗三百首"所作。这本英国浪漫主义诗集包括布莱克、雪莱等几位诗人的作品。逐一读过后，每个人选出一首自己最喜欢的一首诗，我所选择的诗是布莱克的"天真的预言"。其中最有名的莫过于诗的前四句："一沙一世界，一花一天国，掌中握无限，刹那即永恒。"整首诗表达了诗人对逝去童真的怀念。在一句一语地分析过后，根据修辞手法与精神内涵写出一篇 1200 字的分析，之后要做一个"创意作业"，来展示这首诗的主题与思想。原则上是可以以任何方式展示的，包括写诗、作画、做视频、照片集，甚至编写一首歌。起初我本想做一个视频，但在找素材的过程中感觉越来越无聊，索性逛起了 Facebook，无意中翻出了我收藏的一首诗，觉得这首诗的格式用来表达"天真的预言"这首诗的内涵简直再贴切不过。

Innocence versus Experience

The paradise is around us.

It is impractical, the truth is

Innocence is shortsighted for modern society.

Think that,

"Respecting the infant's faith"

Is foolish, and we will

Regarding Caesar's crown as the meaning of life,

That is the way we choose.

Being naïve, caring, and loving,

Is negligible.

Making exorbitant wealth,

Will not be easy, but we will try.

Making our minds go back to purity.

We should never seek.

Obedient to lust,

Is how we face stress.

Being chaste,

Is a joke.

We know that,

The innocent world is gone.

That might be true,

Unless we turn things around

(Read from bottom to top now)

*Inspired by the poem, 《Our generation》 by Jordan Nichols.

中文译文：

纯真与世故

天堂就在我们周围，

这是无稽之谈，事实是，

纯真对于现代社会一文不值。

我们认为，

"尊重天真的信仰"

是愚蠢的，我们将，

以凯撒的冠冕作为生命的意义，

是我们应该选择的。

天真，关怀和爱，

是无足轻重的。

攫取巨额的财富，

并不容易，但我们会尽力尝试。

使我们的头脑返璞归真，

是我们不该追求的。

顺从欲望，

是我们面对压力的方法。

使心灵变得纯净，

这是一个笑话。

我们知道，

纯净的世界一去不回。

这很可能是真的，

除非我们从现在开始改变。

（现在从后到前再读一次）

*灵感源于，《我们这一代》作者 约旦尼科尔斯。

2014/4/5

别样的体验

IFLY 室内跳伞

"室内跳伞的装置是受用来测试飞机性能的风洞舱的启发，在 2005 年有人发现风洞舱内的强风足以支撑人体在室内'悬浮'，于是室内跳伞运动悄然兴起，并在很多国家内普及。整个跳伞风洞像一个指向天空的极大的吹风机，以每小时超过 160 公里的风速保证体验者能够像刚从飞机上跳下来那样在空中'飞翔'。游客只需在距离地面仅数英尺的空中，便可过上一把'室内高空花样跳伞'的瘾。所有学员试飞前必须穿上特制的飞行服，戴上护目镜和头盔。由于舱内空气的风速高达每小时 170 英里（约合 274 公里），飞行者的身体在风力的强大支撑下可以自由地悬浮于空中。"只要身体健康，上至 106 岁，下至 7 岁都可以体验室内跳伞。

还记得小学时在奶奶家看电视，讲的是中国有一个博物馆投入巨资打造了中国第一个室内跳伞风洞，当时就在想，什么时候我也能体验到这种漂浮在半空中的感觉。没想到在今年的元旦，寄宿家庭带着我和 5 个自己家和亲戚家的孩子去体验室内跳伞。

在正式开始室内跳伞之前，每个体验者都会做一份调查问卷来确认自己的身体是否符合室内跳伞的要求，不过只要不是那种因为太重走不动的美国身材都是符合标准的。当然了，醉酒者和服用毒品者（大麻在西雅图是合法的），也是被禁止参加的。在登记完成之后，教练会带着体验者进到一间不大的教室，观看一段简单介绍 IFLY 公司和室内跳伞的要求的教学视频。由于强劲的气流和密闭的环境，风洞内的风声非常响，无法通过语言交流，而只能使用手势（类

似于潜水）。观看视频后，教练会再详细讲解标准的飞行姿势和四个主要手势，双臂前屈与身体平行，小腿蜷曲，并且每个体验者要摆出姿势，检验教学成果，教练也会指导和纠正你的动作。

飞行教学后，就要换上 IFLY 提供的全套飞行装备，包括有很多把手来帮助教练控制你的防护服、护目镜、防噪耳塞与安全头盔。所有私人物品包括手表、项链等都要寄存。刚开始时还是有一点紧张，虽然经验丰富的教练就在身旁，脚下的弹性防护网能够承受 20 个成人的重量，加上完善的安全装备，应该说是非常安全的。不过看到这一组 10 个人里有一半都是至少 40 岁以上的，甚至还有一位老爷爷，回想着在进入准备区前的教练教的四个手势，心情慢慢平静了下来。终于轮到我了，一踏进风洞，每小时 160 公里的强风让我漂浮在空中，即使戴着耳塞，鼓风机的声音依旧震耳欲聋。这种感觉太奇妙了，自己的重力已经完全被强风所抵消掉，就像一片羽毛自由地漂浮在空中。每次对于自己身体姿势的一点小小的改变都会导致快速地上升或下降。我跟着教练的手势浮上浮下，当被教练送出风洞时一下子觉得自己好重，熟悉的重力又回到了自己身上。

每个体验者都会进入风洞两次，第二次进入风洞时教练会从侧面抓着你腿上和手臂上的把手，风速达到每小时 200 公里，通过改变他的姿势带着你飞上飞下。最后等所有体验者都结束了飞行之后，教练会独自在风洞中进行一段高难度的表演。好似凌波微步，飞檐走壁般垂直悬空，向上飞到接近风洞顶部，再急速下坠，到接近防护网的高度又迅速上升，接着又像在垂直的侧壁上行走一样不由让人感叹，最后还会以一个标准的后空翻接前空翻姿势向所有体验者致敬，真是艺高人胆大。

2014/4/24

打靶归来

美国是世界上第一个，也是唯一一个全民持枪的国家。拥有各类枪支 3 亿多支，几乎达到了每人一把枪的水平。在美国宪法修正案中，专门规定"人民持有和携带武器的权利不得侵犯"(《权利法案》第二条)。虽然各类枪支案件频发,但也无法动摇宪法所规定的持枪是公民基本权利。

　　绝大多数中国人终其一生可能都从没摸过真枪,而美国买一把枪快的话只需要十几分钟。虽然留学生买枪比较困难,况且我也从没这个打算。不过去靶场体验一下实弹射击的感觉也是不错的。

　　一进入射击中心,四五个柜台里陈列了几百把不同的手枪,从左轮手枪到世界上威力最大的手枪——沙漠之鹰,墙上挂着的是各种单发步枪,AK47,M4,P90,所有在之前枪战游戏里出现的步枪都触手可即。柜台的最里面是一个大保险柜,据说里面是各种可以连发的步枪。每个射击场的工作人员都随身佩枪,别看表面都笑呵呵的,其实是经过了严格的训练,谁要是敢抢劫枪店,估计立即就会被"斩于马下"。所以说银行不是最安全的地方,枪店才是。一个射击训练场的枪支足够武装一个民兵组织了。

　　随后就要填表来确认没有潜在的危险,以及各种美国标准,极其详细的书面文件,并且不是要求只在结尾处签名就可以,而是要在每一项之后签名确认。去靶场练习时还要求至少有一位 21 岁以上的成年人监护,并且要站在距离射击这一臂范围内,以防止发生意外。之后就可以用自己的 ID 来换自己所选的枪。我们第一把选的是带瞄准镜的狙击枪,佩戴上能把整个耳朵包住的降噪耳塞后我们进入了靶场,旁边一位黑人大妈拿着一把大口径步枪在射击,即使带上了降噪耳塞,也依旧能感受到声波冲击着耳膜。她的靶纸随着她每开一枪就出现了一处撕裂。我们战战兢兢地把子弹上了膛,手中握着可以杀人的武器,从瞄准镜中找到目标,轻轻抵扣动了扳机,只听一声轻微的响声,完好无缺的靶纸上出现了一个小洞。可能是由于口径小的缘故,并没有感到很大的后坐力。左轮手枪是我们所选的第二把枪,子弹的口径也是相同的,不过明显感到后坐力大了一点,枪口在射击时还会冒出火光与烟雾。每次射击后弹出的弹壳还残留着火药击发时的余温,随后所选的五六把枪口径越来越大,后坐力也越来越强,其中还有军用和美国警察用的手枪。最终我们也没敢尝试后坐力最大的沙漠之鹰。和那些之前用过的手枪相比,沙漠之鹰的尺寸和重量足可以用恐怖来形容。射击之后,手上残留的火药味久久不散。

射击的魅力不在于扣动扳机的本身，而是在于射击者有着控制能够置人于死地的工具的能力。

2014/4/27

学校募捐拍卖

为了筹集资金，学校每年都会进行一场拍卖，拍卖的物品绝大多数都是来自家长的捐助，例如"橄榄球观赛套装"（其实就是两瓶水，一些曲奇，两件雨衣，几个标语牌而已），但大家也都乐此不疲。在整场拍卖中，竞争最激烈的不是那些最有价值的拍品，而是一些学校的特权，比如说"24小时专属停车位""某位老师亲手为学生做一顿饭"或是"老师带学生们去看电影，吃爆米花"。既沟通了师生感情，又会在学校的 Facebook 主页上小小地出名一下。整场拍卖会办得如同一场慈善晚宴。 最终募集了10万美元来翻修学校橄榄球场。

2014/11/10

行万里路——公共交通

在美国没有私家车的情况下最常用的交通工具就是公交车了。西雅图地区公交车的运营主要有两家公司，一家公司叫作"金县运输"（美国的县是几个城市联合体的总称，金县中有西雅图、塔克马以及布尔维尤三个城市），另一家公司叫作"普吉特海湾运输"。

一般来说海湾运输的公交车停的站点少，但速度快。金县的公交车的好处是只要买一次车票就可以在2小时之内上任意的公交车。部分的公交车上还会提供 WIFI，票价一般是成人 2.25 美金，高峰期 2.5 美金，19 岁以下无论什么时候乘坐公交车都是 1.25 美金。

按照法律规定，每辆公交车上必须配备残疾人上车的平台，也有的是采取整车下降的方法来让残疾人上车。每当司机见到残疾人要上车时就会按下开关。上车的阶梯会自动升起，再 180 度翻转伸出车外，坐在轮椅里就可以上车了。也有另一种升降机式的，坐在轮椅里的人借助辅助板自行到上车的阶梯上，之后阶梯升起变成一个平面，上车后有专用的固定带来固定轮椅，每辆公交车前还有固定自行车的地方。

与国内不同，我从来没有见过一辆坐满人的公交车，这里所说的坐满不是公交车上装满人，而是每个座位都有人坐。因为乘客不是很多，所以要在即将到站之前拉窗子两边的绳子，司机才会在这一站停车。

车与车的间隔也在 15 分钟到 1 小时不等，通常来说工作日公交车基本上是半小时一班，而周末就是一小时一班了。在西雅图 20 摄氏度的气温里，车里的空调经常会开到冻死人地步。记得有一年夏天我在商场买了一件登山外套，上公交车以后把我冻得直发抖，于是我就把那件还带着商标的外套穿上了，感觉才好些。

2014/11/10

一年一部 iPhone

初到美国，高昂的电话费着实把我吓到了。一个最基本套餐都在 50~60 美金，好一些的运营商的话可能会达到每月 70~100 美金，也就是说一年的话费足够买一部 iPhone 了。本准备买一部最新款 iPhone 的我为了省话费，买了一个三星的翻盖手机，标价 13 美元。本来打算到美国之后与信息化时代接轨，却被同学整整嘲笑了一年，直到第二年开学返回到美国才开始用上智能手机。

与国内最大的不同是，美国绝大多数的套餐都是无限的通话时间和短信的，不同套餐的区别基本在流量的多少。美国的 4G 网络建设得已经很成熟了，手机的下载速度可以达到 250Kb/s，速度快，流量用得更快！手机最基本的通话和短信功能已经逐步淡化了。我的一个美国朋友与他的发小之间竟然不知道对方的电话号码，因为他们从来都在 Facebook 联系。

我们对美国手机最大的误解就是一部 iPhone 只要 200 美元，但是这是在和运营商签 2 年合约的情况下，就相当于国内的存话费送手机。但是，"买的没有卖的精"，这些套餐的平均价格是从 80~150 美金每月，加税后最便宜的套餐，也接近 100 美金了。两年算下来是要和正常买手机的价格差不多的。

美国的运营商绝对是一分钱一分货，以低价著称的 T-Mobile 一到地下室就没有信号。AT&T（美国电话电报公司）出去玩的时候在乡村公路上是完全没有信号的。国内信号最弱的联通网络覆盖都要比最好的 Verizon 公司要强。

华盛顿州的法律规定 18 岁以下的未成年人是不能拥有一个普通手机账户（先享受服务再还账单）的，只能开预付费服务（先交钱，后享受服务）或者是加入 family plan（3 个人以上一起绑定在一个账户下），留学生即使到了 18 岁，因为没有社会安全号，也要交 500 美金的押金，一年后才能返还。

网络其实就是现代人的眼睛。一旦失去了网络，我们获取信息的能力将会大打折扣。每个月用几十美金来换取与他人更多交流的可能也是值得的。

2014/11/10

自己动手，丰衣足食
——自助理发

在美国做了好多从没想过的事情，比如在来美国之前，我从没想过有一天我会为自己理发。但无奈与住家最近的理发店还是距离太远，再加上美国高昂的人力成本，我决定"自己动手，丰衣足食"。于是我就在亚马逊上买了一把刀头可以 180° 旋转的理发剪，自己给自己理发。第一次剪发把自己的脑袋剪得比球还圆，之后就越来越有经验，从未失手过。在剪发之前用大张的纸巾铺到地上，每次剪完还用 iPad 当镜子看自己的后脑勺剪得是否整齐。但是回国前最后一次理发差点剪成了光头。

那次理发其实已经基本完成了，但是我还想把后边再修修，结果用力过猛，把卡尺一下子推到了最短的长度。后脑勺就出现了一道很明显的白色印记，也就是说已经快看到头皮了，最后迫不得已给自己剪了一个小时候才留过的"西瓜太郎"发型。没想到第二天有好多同学说我的新发型很有创意。

2014/11/10

在美国遭遇网络诈骗

一天我正从网站下载软件，突然跳出来一个 FBI 警告的窗口，上面标明了我的 IP 地址以及所在位置。页面上还有联邦调查局的标志和名称。密密麻麻地列出了好多法律以及惩罚。并说："本计算机的所有行为已经被监控，请勿试图解锁你的电脑。"当时感觉大脑嗡的一声，所有的血液都向上涌，顿时吓得都不敢动了，英语也吓得忘得差不多了。我凭着仅存的一丝理智打开 Google 翻译。页面上说如果交 300 美金买一张卡就可以解锁电脑，并且销毁记录，但是说这种卡只能在指定的便利店购买，页面下又列出了沃尔玛、7-11 等几家便利店。

不过这些商店的图标使我产生了警觉，当时就觉得联邦调查局是不会用这种付款方式的。于是我搜索才发现这其实是一个木马程序，一旦感染了 PC，个人是很难去除的。有很多种变种，其中有的会开启电脑上的摄像头实时录像，但是 MAC 系统不会受到影响。所以我直接关了浏览器就变得一切正常了。

一旦使用这种卡进行付款，警方是很难找到收款人的。真的没想到在美国还会遭遇网络诈骗。很多的网络诈骗都是建立在人们贪小便宜的心理之上，而这种诈骗是利用了人们的恐惧心理，想快速消除自己的违法证据。这种形式的网络诈骗其实是更容易获得人们信任，也更难防范。

2014/11/10

当竹笛在美国高中奏响

在体育馆的外面，我正在想在今天的开场白中是不是要和大家先开个玩笑，就突然听到主持人报幕说："第一个节目，中国竹笛。表演者，Andy 王！"我仿佛找回了中考时的感觉，只想快点结束，卸下身上已经背了半个月的担子。体育馆两边的看台上坐着学校 1000 多名学生与老师。我走上舞台，四束聚光灯打在我的身上，"今天我要表演一段中国功夫！"说着我把笛子拆成两段，像模像样地比划了几下，全场一阵笑声。"只是和大家开个玩笑，今天我要表演的曲目是《扬鞭催马运粮忙》。全场再一次响起掌声。我试了试音就正式开始演奏，以一个笛子中最简单的技巧颤音（在本音和它的上方音之间来回不断反复，使吹出来的音有波浪的感觉）开场，结果让两边从来就没有见过竹笛的美国人惊呼一片。之后的演奏基本就是下意识的反应了，完全不知道自己已经演奏到哪里，直到最后看到视频才知道自己表演的就是之前练了无数遍的正确顺序。在整个演奏的过程中全场鸦雀无声，我完全沉醉在聚光灯的光束与所有人的注视中，而我又看不清他们其中的任何人。一曲终了，很多美国同学起立鼓掌，我就用伟大领袖毛主席的标准动作向他们招了招手，接受着来自全场的欢呼……

这就是我们高中一年一度的文化周，每个人都穿上自己国家的服装或者喜欢的服装，而那周周五的表演就是整个文化周活动的最高潮，拉丁舞、韩国歌曲、跆拳道、非洲部落舞、美国乡村民谣、钢琴曲、踢踏舞，还有中国同学演唱的《你把我灌醉》，各国文化汇聚一堂，用我的英语老师的话说就是"这周是一年里最棒的一周"。

这次表演还要从一个月前说起。一次学校组织了 Human Relation 活动，顾名思义，就是放学后学校在大会客厅准备一大堆吃的，让学生去喝下午茶，很多等家长来接的学生就会去那里取点吃的。虽然学校的目的是让大家一边吃一边聊，多交新朋友，但其实更多人是冲着各种食物去的。负责这次活动的老师正好也是文化周的负责老师，就问我们有没有想在全校面前表演的。还记得我那天是第一个报的名，第一个去选拔，老师又应我的要求让我第一个去演出，还鼓励我说要"Keep asking"不断地要求自己想要的。

真正让我感到沾沾自喜的不是那天的掌声与喝彩，而是在表演完两周后在走廊里都会有我不认识的美国同学说"你是 Andy 吧，你是不是从小时候就开始学笛子呀？""Andy，你那天吹得太棒了！"还有主动向我介绍他们自己的，总之，被重视的感觉还是不错的。

2014/5/1

期末考试四选一

根据老师以及学生个人人品的不同，期末考试通常会有四种形式：无期末考试，期末大作业，标准期末考试，平均成绩累计免考。在这四种形式中，我最喜欢的是平时成绩累计免考，一旦获得免考资格，就意味着这个学期拿 A（93 以上）很保险。而无期末考试虽然表面上看起来很好，但一旦这门课成绩不好，就错过了大幅度提升成绩的机会（期末考试一般占总成绩的 15%~20%）。至于期末大作业我会在下文详述。

标准期末考试根据所修的课程不同，每名学生会有 0 到 6 门的期末考试。分别是英语、宗教、科学（物理、化学、生物、解剖学）、数学（代数、几何、微积分）、外语（西班牙语、德语、法语、拉丁语以及手语）和一门社会科学（美国政府、地理、历史）。而根据每节课的难度级别不同，考试也不同，举例来说，外语类基本都有 4~5 个难度等级，从零基础入门一直到大学课程。根据老师的不同，期末考试的难度，占总成绩百分比，甚至是否进行期末考试都是老师个人决定的，所以期末考试前几点睡觉就全看老师了。有的老师会在考试前两周发一张复习提纲，所有需要复习的知识点都在上面。而有的老师是属于全书都是重点这种类型的，考试正常情况下是两个半天，每节考试 1 个小时。很多老师为了方便判卷都会在期末考试以选择题为主，考完把答题卡直接送进读卡机成绩就出来了。有的考场因为桌子的关系，只能 4 个人共用同一张大桌子，结果就是想不抄都难，稍稍一抬头就会看见别人的答案，而且还全是选择题。考试结束之后往往还会有一张调查问卷，上面还特意标着："在所有考试成绩出来后，此份问卷才会被老师审阅。"意思就是让同学说实话，老师不会因为你对于课程的任何看法改变你应得的成绩。

10 年级下学期的数学课是平均成绩累计免考一个很好的例子。在期末考试前一周会进行 4 个单元的复习与小测，如果小测的平均分在 93 分以上，期末就可以免考。每天基本上就是进行一个小测验，再发一张明天测试的复习提纲。

至于期末大作业，是我最欣赏的一种期末考试的形式，多出现于文科课中。因为这份期末大作业往往提前一个月甚至是一个半月就会通知学生，这份作业也是对整个学期的一个梳理，占的成绩比重也很大（一般在 20% 左右）。这种期末考试形式更多的是考察对于这份作业的付出程度，在做作业的同时又复习了这学期所学的知识。以绝大多数的美国人的性格都是直到交作业前一天晚上才开始写，当然也有交作业前一天晚上通宵补作业，补到第二天昏倒的。以 10

年级英语课期末作业为例，这份作业全名叫"Writing Portfolio"，翻译成中文就是"写作资料夹"（好吧，翻译得有点俗）。作业的具体要求是从 20 篇作文中挑出 7 篇并重新修改。这 7 篇作文包括批判性文章两篇（800~1000 字），短段落两篇（200~250 字），创意写作一篇（字数不限，平均在 300~600 字），本学年其他课程任意一篇写作，例如宗教课论文，以及一篇上一学年的习作。在写作资料夹的末尾还要写一篇 4~6 页（1200~2000 字）的年度总结。

老师刚刚发下这份作业时，我很是迷茫，觉得自己的写作真的不知道如何下手。放学后，我就去找老师请教，说来也巧，那天教室里只有我一个人，老师就帮我把一篇作文从头到尾地看了一遍。原来觉得还不错的作文一下子被找到了好多漏洞。最明显的不是语法错误，也不是缺少地道的表达方式，而是文章的逻辑性与语句之间的衔接不够流畅，很多地方需要更严密的逻辑推理。这使我一下子就找到了方向，于是就开始不断地改作文，不断产生新的问题问老师。第一篇作文我改了足足 5 个小时，之后就越来越快。有时为了找一些改作文的思路，就到 YouTube 视频网站上去学各种写作文的关键点，例如如何炼句，用被动语态的 of 还是用主动语态的's，有不懂的就去问老师。每次至少都准备了很多问题。一次当我问了两三个问题后，老师就问我："你还有 18 个问题要问吗？"后来，英语老师就让我在专门为这个大作业准备的每周两次的课后答疑时间再来问她。那天，我依旧像往常一样连着问了她半小时的问题。一次她没来，另一位怀孕的英语老师代课，我问到了我的最后一篇作文时，刚问了一个问题，就发觉不对，装作这篇作文已经问完了的样子，匆匆结束。原来这篇作文是关于流产的，顿时觉得自己好机智。

在交作业前的最后一次课后答疑时间，英语老师发现我又来了，就对我说："你是想在这个作业拿 1000 分吗？"（作业满分 100 分），我们都笑了。最后果不其然，我在这个作业中拿了 97 分，也为我的 10 年级英语画上了一个圆满的句号。

2014/6/16

什么让我们难以割舍？

刚刚适应了国内的一切，却又要起程，又一次坐上了飞往的西雅图的航班；我觉得其实坐飞机是一件很神奇的事情，在飞机上"眼睛一闭一睁"我们就到达了另一个完全不同的世界，就像盗梦空间中的另一层梦境一样。两个半月的暑假转瞬即逝，回国时家人们来接我的情景仿佛就发生在昨天，这段回忆是那么强烈那么深刻。SAT，网球，街舞，北欧之行，Money&You 义工，AP 作业，模拟联合国，6 天连续见了 6 次朋友……整个假期仿佛被浓缩成了一段凝结的时光，纯粹而美好。

这次的出发让我第一次有想家的感觉，别人可能觉得很奇怪，想家一般都发生在第一年，之后会越来越淡。而我在第一年出发时非常兴奋，毫无思乡之情，反而到了第二年离别之际却有点不想走的感觉。这种感觉很微妙也很奇特，是我之前从未体验到的。但是由于我的没心没肺，这种思乡之情我相信不会持续太久，不过我试着去以一个旁观者的角度来观察这种思乡之情，是什么让我们难以割舍？

我认为思乡是来源于心理上对于环境快速变化的不适感，如果用美国人的方法来解释就是跳出了自己的 Comfort Zone （舒适区）。这种不适感可以体现

在很多方面，对饮食的不适应、脱离了亲人的照顾、在中国所取得的成就往往不被他人认可。留学就像把自己的生活重新进行了一次洗牌，在国内长年积累之下的荣誉，人脉，朋友都因为距离的遥远渐渐淡了。这种心理落差在越优秀的学生身上就越明显。思乡就是一种对在国内能够轻易得到，而在国外得不到需要加倍努力才能得到的东西的怀念。而人们想得到的东西无非分为五种需求。

马斯洛把人的需求分为五个等级，最低层次的是生理需求（比如吃饭，睡觉），第二层次是安全需求（比如你不愿意去索马里生活吧），第三层次是归属感的需求（比如不顶不是中国人），第四层次是尊重需求（别人把你当回事），第五层次便是自我实现（比如你当了学生干部很高兴）。

我相信能够出国留学的学生绝大部分能够吃饱穿暖。安全方面，美国肯定不比中国差。人终究是社会性动物，一旦进入第三等级的需求，也就是社会归属的需求，很多留学生从此就开始难以满足了，而思乡之情也由此产生。

留学生再优秀，在短期内也很难融入美国社会，是美国文化的"外来者"。从小到大，说的语言不同，吃的食物不同，甚至连小时候看的动画片都不同。虽然美国文化以多元性著称，那也仅仅代表大部分美国人会乐于接受，而不是主动地去进入外来文化一探究竟。何况你连和别人交流时话都听不懂，说不明白。我曾经做过一个调查，班级里有90%的美国人不会用筷子。还有的美国人认为中国的蜜蜂有西瓜那么大，用一门全新的语言去探索地球另一端新的文化这本身就已经很难了。而在中国至少没有任何交流上的问题，文化差异也没有那么明显。所以我们在探索美国文化过程中产生的不适感，就是这种思乡之情最重要的来源。通俗一点说，就是在国内待得太舒服了，太爽了，呼风唤雨，无乐不作，还出国去"上山下乡"，从头再来干嘛。

在文化之外，美国教育还有一个特点直击中国学生的软肋。在中国一切以成绩为重，有了好成绩就可以扬眉吐气。但是在美国，学生之间的成绩都是互相保密的，只有在每年的学生表彰大会上才能露一把脸，满足一下自己的虚荣心。但是你会发现这些高分的学生很多好像在学校中从未见过一样，因为他们太不突出，不活跃。其他在美国生活中真正的快乐都是由"非成绩因素"决定的，中国学生面临的尴尬局面就是潦倒到只能通过成绩来慰藉自己，从这个角度看，只是一味埋头学习也是一种对于现实的逃避，何况很多学生的成绩也是惨不忍睹。

人总是在用各种办法来满足自己的这五个层次的需求，一旦满足不了就会"憋出事"。所以留学生都在尽力地寻找这种归属感，而最简单的方法就是增加与说同一种语言，有着共同的文化的学生的交流。这种答案也可以很好地解释为什么中国学生一到国外就"扎堆"。"独在异乡为异客"当然就要"酒逢知己千杯少"和中国学生在一起。这也是思乡之情的一个延伸。

亲情也是思乡的另一个来源。很多留学生一想到家，第一个想起来的就是自己的亲人。从小和亲人一起长大，在亲人面前，我们是被爱和被关心的。我们可以敞开心扉，不需要带有任何功利目的的交流。亲情不仅仅满足了归属感的需求，同时也满足了受尊重的需求，所以亲情的缺失成为不适感中极为重要的一个组成部分。

唯有更加努力地去使自己适应环境，才能减少这种不适感。换句话说，在美国生活得越适应、越精彩，思乡之情也就是情感的缺失就会越来越淡。

2014/8/28

巅峰的巅峰
——Junior year（11 年级）AP 的挑战

沐浴着午后的阳光，驰骋在网球场上，微风吹拂，没有比这更幸福的事了。自从 10 年级时来到美国，觉得美国学生的生活除了玩还是玩，学习只是一项业余爱好。运动出色，人人羡慕；学习好，谁也不知道（美国高中成绩都是互相保密的）。不过，美国基础教育的准则从进入 11 年级这一天开始改写。

这一年是整个美国基础教育体系学术的一个巅峰。从小学算起，已经度过了 10 年幸福时光的美国学生要开始收心学习了，学生们将会面临一年前所未有的学术挑战，各种大学课程，AP，SAT 考试，30 小时的义工服务，GPA（平均成绩）等都铺天盖地压了过来，让我找到了曾经初三的感觉。美国的 11 年级不仅仅是对脑力的考验，更是对体力的考验，网球训练一打就是两三个小时，我经常在寄宿家庭接我回家的路上就睡着了，吃完晚餐已经是晚上七八点了。因为 12 年级一开学就要申请大学，11 年级则是申请大学最关键的一年，几乎所有的必修课的难度都翻倍了。英语老师更是在开学的第一天对我们说："当你从这个教室走出去时，我要求你的写作是大学水平，否则你就会拿到一个 C（相当于六七十分）。"如果说 10 年级的老师还会给国际生或多或少的照顾的话，11 年级则一视同仁，完全按照同一个标准要求。上课的气氛也紧张了不少，至于在宗教课看电影这种事是不会再有了。11 年级过得怎么样，很大程度上取决于选课。从今年踏入学校的那一刻起，感觉自己的学习节奏明显加快了。每到考试之前大家会一边吃饭一边看书，颇有中国高中的气氛。

以下是我今年的课表：

AR1111 S1 - 1，Studio Drawing & Painting　　　（美术课）

LA1140 S1 - 2，English 3　　　（11 年级英语）

MA1204 S1 - 2，Calculus Honors.　　　（华盛顿大学微积分）

RE1125 - 7，Ecclesiology　　　（宗教课—教堂学）

SC1101 S1 - 2，Hon Chemistry　　　（化学荣誉课程）

SS1101I S1 - 2，AP U.S. History　　　（AP 美国历史）

Leadership service　　　（领导力服务）

在我选的所有课中，"领导力服务"这个名字听起很高端，但实际上就是帮学校干活和组织策划一些活动。对于国际生来说只要是理科的学科，无论是荣誉课程还是 AP，还是某某大学的理科课都只是名字吓唬人，只要在国内基础好，在这里轻而易举地就能学好。至于宗教就像国内的思想品德一样，基本上没什么大的问题。英语课相比去年来说可能会有一些难度，不过也在可以接受的范围内。真正有分量的课还是"一节更比八节强"的 AP 美国历史。如果说 11 年级是整个美国基础教育体系中学术的一个巅峰，那么 AP 历史就是这巅峰的巅峰。

大学先修课程（英语：Advanced Placement，缩写 AP）是在美国和加拿大等国的高级中学中，由美国大学理事会（College Board）赞助和授权的高中先修性大学课程，一共有 34 门科目。大学先修课程相当于美国大学课程水平，比一般的高中课程更深入、复杂和详细。学生通过 AP 考试换取的学分，可以同等换取相应的美国大学学分。在 AP 课程中，教师会以大学的课程标准来要求学生。在每年结束时会有一场全国统一的 AP 考试，分值为 1 到 5 分，一般来说 3 分以上的成绩是被大学所接受的。

10 年级结束之前，学生就开始选 11 年级的课。如果想选 AP U.S. History(美国历史) 或者 AP Lit.(英语文学) 的话，需要 10 年级英语老师的推荐。学校的老主任再三劝我不要选这门课，因为一旦选上了就不能改了，她还对我说："你可以选 AP 历史，如果你能接受你的成绩单上有个 C 的话。"但我的英语老师

对我很有信心。虽然听说有个大我一届的学姐学这节课都学哭了，不过我考虑再三最终还是选了这门课。当我拿到那本美国大学的历史教材时，我就知道了这节课的分量。1000多页铜版纸，6 斤重的历史书，装在书包里感觉整

个人都沉稳了许多。美国从建国算起也就 200 多年的历史，历史书却写了 1000 多页，这门课的深度可见一斑。

美国高中假期从来不留作业，充其量也就是读一本小说，开学有个测试。不过如果要是选 AP 的话，之前一切的惯例都被打破了。AP 历史的假期作业是读 100 页书，回答 122 道阅读问题，再给书中的一百个关键词写解释。比如要解释一个事件，就要写出这个事件的起因、经过和结果，所包含的人物、时间以及历史意义。写着假期作业，看着这本重得都拿不动的历史书，我开始怀疑当初选这门课是不是太冲动了。不过现在已经不能更改了。

开学回到美国后，没倒好时差就去上了第一节 AP 课，听得完全不知所云。在国内待了快 3 个月，一回来不适应是正常的。不过第一次周末作业更是把我吓到了，从周六中午开始写，一直写到周日晚上 11 点才写完，几乎是一直坐在书桌前没动地方。看书已经看得头晕眼花，却怎么也找不到答案。当我和别的没上这节课的美国同学说起这节课的作业量时，他们也都吃了一惊。20 到 30 页的教科书阅读，之后回答 35 个问题，再阅读四篇历史资料（当时的人写的发言稿，或者是某某法案之类的），并给每一篇材料写一页分析。毫不夸张地说，这一节 AP 作业量至少是其他所有课作业量总和的 2 倍。在班级上美国人平均要花 3 到 4 个小时，我所用的大概是他们所用时间的 2 到 3 倍。开学一月有余，我第一次在一整天内完成作业，也算是一个进步。

美国高中最盛大的舞会就是每年开学时的 homecoming（返校舞会）。三分之二的学生都会来参加。我们都盼着老师能在这周少留点作业。周五时老师说"我知道这周是 homecoming"，我们都以为他要说少留作业的事呢，结果老师接下来的一句话就是"我给其他所有班都没留作业，不过你们是 AP"。最后我们就都拿着一打作业灰溜溜地走了。

每周五的 AP 考试，基本上从四种题型中选一种：选择题，多个小作文，大作文和 DBQ（Document based question）。其中 DBQ 是令我最头痛的，要求在一个小时内分析七篇材料，这七篇材料有可能是地图、名人演说、历史文献、政治漫画，等等。要求提炼出至少 6 篇中的观点写作，典型题目是"试分析 1789~1800 年中美国政治，经济，社会方面的变化"。虽然题型固定，不过很难预测到会出什么题，因为每章的内容实在是太多，就连网上的只写重点的学习笔记都有 10 多页。

尽管作业压力很大，不过我很享受与年级中"最聪明的美国人"的辩论，有时老师会把一节 70 分钟的课拿出来，分正反双方就一个话题进行辩论，比如"亚历山大汉默顿的经济计划是否违宪"。

在一次一对一的辩论中，我的对手是一位全校学习最好的美国学霸，不仅没有拿过 A 以外的成绩，而且上知天文下知地理。我们分别代表一个美国总统，辩论谁对美国作出的贡献大，我拿到的总统是 20 世纪 70 年代与中国正式建交的吉米卡特，而他代表的总统则是美国国父之一的约翰泰勒。辩论的过程是这样的，每个人用一分钟时间来陈述自己执政期间的功绩。在双方都陈述完之后可以问对手三个问题，而且对方必须回答。因为我的对手本来就对美国很了解，第一个问题就问我："卡特总统，你是在哪所大学毕业的？"这个问题一下子就把我问懵了，我在搜索信息时没有去详细了解这个人的教育背景。不过我心生一计说："在哪所学校毕业的不重要，真正重要的是一颗为人民服务的心。下面的同学又乐又鼓掌。他见状又问我第二个问题："很多美国人对你的执政不认可呀，你怎么看？"我又一次用相同的套路说："美国正是因为允许不同意见的存在而伟大。我接受不同意见，这就是我们为什么自称美国的原因。"

这次老师也笑了。最后一个问题，他说："在你执政期间发生了伊朗人质危机，让美国人的生命受到威胁。作为一个美国总统，你不觉得要为这件事担责吗？"我马上反驳他说："我知道这件事，在1797 年 60 多名美国公民被困美国驻伊朗大使馆 444 天，这确实是我的责任。但你有没有想过，你间接导致了美国内战，几十万美国人死于战火。"之后他就不吭声了，在接下来的投票环节我以最大的票数差异赢得辩论。

之前在模拟联合国的所学辩论技巧在这里派上了用场，从对手的发言中找逻辑上的错误是我最喜欢干的事情之一。不过我发现辩论这种东西其实完全没有对错，只是谁的逻辑思维能力与辩论技巧更强一些罢了。

最后我还是想说一句话：

珍惜生命，远离 AP 历史。

不过还有一句话，

叫作"置之死地而后生"。

2014/10/12

宗教课谈"幸福"

幸福？幸福还用教？不就是比别人强吗？

从小我们就被教育要"永争第一"，考个好成绩，进个好大学，有个好工作，这就是幸福。每天都活在与别人的竞争中。

一节宗教课颠覆了我对幸福的认知。

很多刚到美国的留学生不理解，美国人怎么活得这么轻松，笑容都那么灿烂？即使考上了一个很一般的大学，也为自己骄傲。

"幸福"这一课是我在美国高中里学到的重要一课。可能听起来很不可思议，幸福不就是有钱吗？很多人会这么认为。很多时候我们都满足于"别人认

为我很幸福，所以我很幸福"这种荒谬的逻辑中。但是内心却总有一丝失落和不真实感。

我在宗教课中找到了答案，宗教课的老师给我们解释：幸福有三种层级。

最低的一级叫作即时满足（Laetus），大多数都是物化或者生理需求的满足。比如买了一部新手机，饿了吃，困了睡，这种幸福感是转瞬即逝的，也是最低层级的满足。

第二种就是我们经常所说的"幸福来源与比较"（Felix），这种幸福是很多人追求和认可的，因为这种幸福感是可以被衡量的。这种比较不仅仅是物质上的比较，还可以是成就上的比较。比如在学校中，一个人既高富帅，又学习好，人缘好，并且多才多艺，别人就会很羡慕；而在社会中谁有钱就幸福，谁有地位就幸福的观念是被很多人认可的，但是这种由比较得来的幸福感只能带来短期的满足。

说到"幸福来源与比较"就不得不说这种观念的形成。工业革命后，国与国之间受重商主义（国力的强盛取决于一个国家资本的多少）的影响，开始了生产力的竞争。人的社会定位趋于庞大国家机器中的一颗螺丝钉，人性被压抑。衡量一个人的价值的方法，开始变成了对于一个人所拥有的财富的衡量，从而衍生出了幸福来源与比较的观点。

当代中国很多人有这种相互比较的心理，但是人们往往忽略物质的满足能否带来精神的富足。欧美已经经历了几百年的资本历程，人们对于这种物化的财富看得没有刚刚富裕起来的中国人那么重，所以就不难理解为什么去做几十甚至上百小时的义工是美国高中毕业生的要求了。

然而这种由比较而得出的幸福是转瞬即逝的，因为世界之大总有人比你强，一旦发现了自己能力的局限，幸福感就会大打折扣。即使是已经代表了人类最高智慧诺贝尔奖的获得者们，其中也有因为发现无法超越过去的自己而自尽的。

不过下一层级的幸福感就能够很好地解决这个问题。一天下午，我在西雅图市中心逛街后来到星巴克，拿出银行卡准备付款，不过收银员没有收，拿出了一张储值卡，说之前的一位先生把储值卡留在了这里，说可以给后面的顾客付款。虽然之前听说过这种事，没想到会发生在自己身上。手中拿着饮料，越喝越暖，虽然未曾谋面，但我却感受到了这种温暖。这一杯饮料给我带来的幸福感远超过我手中购物袋中价值几十倍的东西。离开时我也给了收银员20美金，"我也要做和这位先生一样的事"，把这种快乐传递下去。这20美金给之后几个人带来的快乐远比这20美金要珍贵。素不相识的人为我买了饮料，我也把这种快乐传递下去。虽然未曾谋面，但是这种奉献的纽带为我带来了幸福。这就是第三层级的幸福（Beatitude），它来自于发现他人的美与为他人服务。在我看来，这种幸福感来源于不求回报的爱。就像父母对子女的爱，因为从不期待回报，所以在付出时的快乐就会定格。当我在食品银行没有任何目的地去服务那些来领取救济的人时，我觉得这时得到的快乐远大于对于物质的追求。

在到美国之前我觉得只有达成了某件事才能带来快乐，胜者为王败者为寇。不过渐渐觉得很多事是我们再努力也改变不了的。努力不一定会成为最后的达成。如果一味地只求最后的达成而忽略了过程，那么整个追求的过程将变得索然无味。不过反过来，如果真正对一件事情有热情，那么就会享受整个过程，可能在不知不觉间就收获最后的达成。"有心栽花花不开，无心插柳柳成荫"。这让我想起了《遇见心想事成的自己》中的一句话："人们不可能经由一个毫无喜悦的旅程，而达到一个充满喜悦的终点。"我很惊奇在读过这本书6年之后还能够一字不差地回忆起这句话。

2014/11/1

3D 打印机

学校有一台 3D 打印机，上工程课时，在课上用电脑制完图就可以在 3D 打印机上打出来。3D 打印机的原理就是通过加热塑料使其融化，再像给蛋糕涂奶油一样，一层一层地根据形状涂上去。为了更好地支撑，内部还会做成蜂窝结构。3D 打印技术是未来的一个趋势。在我看来，这有可能是与互联网一样伟大的发明。互联网实现了信息的全球传输，而 3D 打印技术可以实现物质的全球传输。例如 NASA（美国国家航空航天局）在空间站上一个零件坏掉时，通过火箭送到空间站上的不是替换零件，而是一台 3D 打印机。再通过远程传输将零件的图纸传送到太空站上，并打印出来。试想，在 3D 打印技术成熟后，人们再买商品时只要购买一份图纸，就可以在自己的家中进行打印。然而，目前 3D 打印技术还并不成熟，我们的设计中很多微小的细节没有办法精确地打印，但至少学校的这台 3D 打印机给了我们一个最基本的概念与新的思路。

2014/11/10

AP 历史小测

在我上 AP 历史时，一个美国同学跟我说了这样一句话："很难想象，我如果用西班牙语去墨西哥学墨西哥 AP 历史会是什么样子。"他说的这句话在我看来还是很受用的。在 AP 课上，国际生想和美国人一争高下只能用时间来拼。

有了 AP 历史，妈妈再也不用担心我周末没事做，因为 AP 历史每个周末的阅读量都会达到近万字。

每周一上课时，老师会用大概半小时的时间把这一单元的内容串讲一遍，之后的几天就是各种材料分析，有时还会有辩论赛和用 PPT 作报告。比如这周的内容是美国的废奴运动，老师就会给出当时持不同观点的人写的文章。有废奴领袖的演讲，有奴隶写的日记，有政府官员的报告，也有奴隶主的观点。我们需要分析不同的材料并由此总结出自己的观点。

在每周五，AP 历史都会有一个测试，这应该是我在一周之内大脑运转最快的时候了。人的大脑在高速运转的时候功率相当于一盏 40 瓦的灯泡，大脑开始充血，30 分钟的考试下来，双手冰凉，脸颊发烫。

有时自己写的东西会被老师当作范例给大家读，非常开心。

以下是上周的 AP 历史小测中的一道题：

以美国在 1812 年战争后的民族主义为背景，支持，修正，或否定以下论述：

"美国没有作为一个国家或一个整体来进行 1812 战争，但是在这场战争后，美国正在变为一个整体。"

下面是我在 30 分钟内给出的答案：

After the American Revolution, thirteen states gradually emerged politically and culturally as a union. The War of 1812 forced the newborn United States to take on the greatest naval power in the world, Great Britain. The war had immense impacts on American Nationalism, shown through domestic policies, foreign affairs and the society reforms.

As an independent country, The United States played a more significant international role in the era following the War of 1812. To protect American economic benefits, The United States tried to seize Florida, which was under the control of Spain. After several victories in Florida, Spain compromised and gave up Florida and Oregon for five million dollars. The extension of territory granted American people more land to further unify The United States. Moreover, the Monroe Doctrine claimed the foreign policy of "non-colonization" and "non-intervention". The United States did not want to become entangled in the chaos of European conflicts and because of this, thus enjoyed unprecedented domestic tranquility, which became the basis of its nationalism.

Strong economy and domestic policy contributed to the nationalism of the United States. Alexander Hamilton's economic plan, "The American system", was an effective economy boost to the US. The Second National Bank, protective tariff, and the transportation system helped The United States build a strong economy while uniting different states. Raising roads and canals connected states mote intimately while the proactive tariffs enhanced the manufacturing industry.

In social areas, American people began to shape their own culture. For instance, Walt Whitman, an American poet is a pioneer in American literature; his poem, "A song" describes why different states need to unite. Under the influence of liberty, he created his unique free-verse style. New capital was rising and schools started to adopt textbooks written by American writers. All these social improvements united the states.

American nationalism began and increased gradually after the War of 1812 by overcoming the challenges of slavery, economic recession and sanction of different states. The unique American nationalism emerges as a new national identity with the support from American people and the new republican form of government.

译文：

美国革命后，十三个州逐渐在文化上、政治上融为一体。1812年战争迫使新生的美国与当时世界上拥有最强大海军的英国对垒。这场战争对美国民族主义的发展产生了深远影响。这种影响体现在三个方面，分别是国内政策、外交事件和美国社会的变革。

作为一个独立的国家，美国在1812年的战争后扮演了更为重要的国际角色。为了保护经济利益，美国试图夺取西班牙的控制之下的佛罗里达。美国经过多次在佛罗里达战争的胜利，最终西班牙向美国妥协，美国向西班牙支付500万美元来换取佛罗里达州和俄勒冈州。版图的扩展使统一美国更密切。另一方面，门罗主义宣称"非殖民化"和"不干预"的美国外交政策。美国不希望卷入欧洲的冲突。由此，美国受益于前所未有的国内的稳定，这种稳定是民族主义的基础。

强大的经济实力和国内政策也有助于美国的民族主义。亚历山大汉密尔顿所提出的经济计划"美国体系"（美国的经济振兴计划）是一种对于美国经济有效的刺激。第二国家银行，保护性关税和运输系统不仅帮助美国建立起了强大的经济实力，而且使各州之间连接更加紧密。公路与运河的修建、保护性关税促进了制造行业的发展。

在社会领域，美国人开始逐步塑造自己的文化。例如，沃尔特·惠特曼，美国诗人，是美国文学的先驱。他的诗《颂歌》描述了为什么不同的州之间需要团结。同时也在自由主义的影响下开创了自己的诗风。新的国会正在修建。美国学校也开始采用由美国作家编写的的教科书。这些社会进步进一步团结了这个国家。

美国的民族主义在1812年后逐步得到发展，这种民族主义解决了奴隶制，经济衰退和各州之间的隔阂。独特的美国民族主义的出现，是与美国人民的支持和新形式共和制政府分不开的。

2014/11/17

"道貌岸然"的返校舞会

一年入秋，老生常谈却又历久弥新的返校舞会又在学校引起了一次次躁动。返校舞会是全美最大规模的舞会，已有百年历史，一般都是在学校第一次橄榄球比赛之后，在11月到12月期间某个周末举行。作为一年中最重要的活动之一，学校甚至在开学前就会把举办舞会的日期通知学生。举办的地点从海洋馆到博物馆，每年都会不同。

第一次知道 homecoming 舞会还是在学校食堂吃饭时。一位男生手捧玫瑰，打着横幅去邀请女生，食堂里所有的人都在起哄，当时根本不知道返校舞会的事情，还以为他在求婚，又一想，他年龄还不够呀，后来才知道这是邀请舞伴的一种方式。

在舞会前一周是"spiritweek"（学校精神周），从周一到周五每天都会有不同的主题，周一是牛仔风，周二是夏威夷风，周三是正装日，周四要打扮得像一个旅行者，周五要穿学校的主题颜色——红蓝白。

从开学一直到舞会，男生们都跃跃欲试，既不想太早邀请显得没有自信，又怕中意的舞伴被别人邀请走。我的朋友给我说，他曾去找学校的主任帮忙广播，让邀请的女生去学校的办公室，他就拿着鲜花在那里等。最后的结果皆大欢喜。当然也有邀请失败的，在上课时我的一个女生朋友收到了一束花，但是她愁眉苦脸，我就问她怎么了，她说她真的不想做这个男生的舞伴，不过那个男生的好朋友都在旁边看着，她也不想让他下不来台，所以就不情愿地答应了。不过她最后还是找了个借口推辞了。其实美国人对于找舞伴这件事还是挺现实的，一个女生曾经告诉我，她会和一个"感觉不错"的男生去舞会，但是约会是另一回事。舞会对于他们来说不只是享受这段时光，也是一种社交。

在舞会前，全校会投票选出 homecoming 皇室：king、queen、princess 和 prince。直接翻译成中文就是：返校舞会国王、皇后、公主、王子。其实就是票选出每个年级人气最高的一个男生和一个女生。毕业班被选中的两个人就是国王和皇后，其他人就是公主和王子。如果一个学生能够在美国的高中成为其中任何一个角色都是极大的荣誉，能够成功当选的基本都是学校的明星。今年的国王就是学校的学生会主席，也是橄榄球队队长。在spiritweek的周五会有全校的集会，这些学生的父母都会到场来见证这一时刻，在舞会时也有专门一个环节来介绍他们，全场欢呼致意。

在邀请完舞伴后，我才知道舞会不仅仅是邀请舞伴那样简单，还要加入自己的group在当天同行，男生为女生买腕花，女生为男生买胸花，领带的颜色要与女生的裙子搭配，等等。我对于舞会完全没有概念，觉得应该跳交际舞那类很正统的舞蹈吧，所以在家还偷偷上网学了一下。舞会当天，第一次打开国内带来还带着标签的礼服，衬衫，领结。寄宿家庭的妈妈还帮我系了领结。在送我去学校集合的路上，才发现裤子的商标忘记拆掉，索性直接忽略，前去学校。从穿上西装的那一刻真是发现整个人的感觉都变了。在半路上取了在冷库里保存的定制胸花和腕花后很快就到了学校。平日里打打闹闹的同学我一下竟没认出来，每个人都显得神采奕奕，精神焕发，不少男生的头上还打了摩丝。女生们也打扮得一个比一个动人，其中还有一位和我每天都上同一节课的女生，我打量了她半天竟然没认出来，哪知她一开口，浓厚的山东口音一下子让我认出了她，我俩都笑得不行。最夸张的是在第二天学校带大家去鬼屋玩的路上，大家一起在看homecoming的照片，在舞会前还坐在一桌吃饭的同学，她素颜的样子我居然没认出来。

加长林肯车中，车顶用灯光模拟的繁星煞是养眼，各种各样的高脚杯配着冰桶，在淡蓝色灯光的照耀下更显优雅，我们都和自己的舞伴坐在一起，有点纸醉金迷的意味。两辆加长车一前一后把我们一行30人送到了餐厅，令餐厅里的美国人纷纷侧目。落座时，有伴的和舞伴一起坐。四个没伴的男生只能坐在一桌，各自玩着手机，好凄惨的样子。过了一会儿，他们大概手机玩腻了，开始从毛泽东聊到政府，两个大陆人，两个台湾人，开始讨论起台湾问题来。

天空中下着蒙蒙小雨，时针指向晚上九点。校长穿着笔挺的西服在门口亲自迎接来参加舞会的学生，今年的舞会是在一个摇滚音乐厅举办的，进门负责前台登记的是我的数学老师，看到她，我一下子觉得好亲切。在大厅的角落里

坐着两个警察和五六位老师来"监视"学生。根据华盛顿州的法律，每次舞会都一定要有警察和成年人在场。

登记过后就开始寄存自己的西装外套，舞伴之间合影。虽然带着女伴，也和自己的朋友在一起，但是刚到一个陌生环境还是有一种不适感。不过这种不适感很快被好多美国朋友的拥抱化解了，去舞会之前我还在想如果别人的舞伴是自己的朋友，能不能和她拥抱。但是进到舞会之后发现自己的担心是多余的，我的美国朋友们见了面都会主动和我拥抱。看来美国人还是不太把这件事当作一回事。想起去年舞会时几乎谁也不认识，这一年中结识了好多美国同学，心里还是很高兴的。

暗到极致的照明灯下，镭射灯光凌乱扫射，舞会正式开始了。这时我才知道，这跳的舞就是那种很随意的舞蹈，也没有什么固定的章法。与之前想的国标这类的交际舞完全不同，尺度之大让我们这群国际生为之惊叹。一群美国高中男女互相用敏感部位蹭，同行的中国女生很有见识地指点我，说这个就是 Dirty dancing，这在中国也是有的，叫作贴身舞。在返校舞会里见到这种场面，还是让我顿时大开眼界。大部分美国人在 12 点舞会结束之后还会一起开车出去继续开 party，对于他们来说舞会仅仅是一个前奏，不过对于我们这帮"没有家"的国际生也就是结束了。

美国同学舞会过后的 party 才是 homecoming 一天中真正的高潮，一个美国朋友告诉我，他在那天和好多人喝醉了（美国 21 岁以下喝酒是违法的）。第二天醒来时发现自己在院子里的草坪上睡着了。

　　舞会当天大家玩得都很尽兴，不过舞会之后的周一，学校的副校长就到学校上 Leadership 课（就是心甘情愿为学校服务的课，美其名曰领导力课程），问我们"Circle of love"是怎么回事。因为跳 Dirty dance 的人一般都是围成一个圆圈，所以叫"Circle of love"。估计要是单独拉两个人出来，也没人敢跳。其实我们都明白他说的就是 Dirty dance，美国同学都不怀好意地笑着，就是没人说话。我直到现在还清楚地记着那天看到几个我认识的美国同学在 Dirty dance，完全颠覆了我对他们的平日的印象。这时副校长开口了："为什么你们不敢面对你的舞伴呢，而是要女生'bendover'（向前弯腰）。"没人说话。"你们敢在自己家庭的舞会上这么跳吗？"还是没人说话。"我在家长会给你们家长演示了你们是怎么跳的，家长们都不敢相信。"我也和寄宿家庭的爸爸讨论过 Dirty dance，他说这种姿势确实是街舞的一种，但是怕孩子把持不住。

　　在美国的公立高中里，Dirty dance 是被允许的，但是在很多宗教高中是被禁止的。在参加一个女校舞会时，我的舞伴告诉我说，在她们学校的舞会两个人如果靠得太近，老师就会在她们之间夹一本《圣经》，"给上帝留一些空间"。一个舞会就能够看出宗教学校给学生所施加的影响。

homecoming 的光彩照人也算是对平日里不讲究穿着的美国人的一次精英教育，一个个西装革履，在高中组织的舞会已经不仅仅是一场狂欢，美国高中生们也在一点点地学着如何融入成人世界。

2014/12/30

音乐剧《Good News》

在国内从未看过音乐剧的我，第一次去看学校的音乐剧，虽然没有完全看懂剧情，但还被彻底地震撼了。平日里朝夕相处的同学在舞台上好像变成了了另一个人，聚光灯下的脸庞伴着他们的歌声变得更加俊美。近两个小时的演出结束后，全场起立鼓掌，由衷地觉得整个剧场里的观众和演员产生了共鸣。没想到的是，一年后的我竟然还能记起一些旋律，也绝对想不到一年之后我竟然也站在舞台上。

圣诞节前夕，学校的音乐剧又开始招募新成员，已经忙不过来的我鬼使神差地去报了名，其实当初是觉得每天唱唱跳跳会很开心。

接下来就是要准备一分钟的独白和一首歌去参加选拔。虽然学校的剧场不大，不过第一次上台还是有点紧张。剧场里只有音乐剧的指导老师一个人坐在观众席正中央，台上的钢琴伴奏老师示意我可以开始了。一首歌，一段独白下来有惊无险。那段台词因为背了太多遍，几个月之后依然能脱口而出。一周后，学校的剧场门口贴着入选的学生，我的名字也赫然在列。虽然没有拿到主要角色，只是在"合奏组"，不过这对于第一次参演的我也是一种鼓励。所谓合奏组就是除了主演外的演员，可能会有数量有限的台词。音乐剧的主角从幼儿园开始已经演过几十部剧了，还有假期专门去学戏剧表演的。连音乐剧都没看过几场的我与他们相比，能够成为音乐剧的一员就已经很高兴了。另一点让我很高兴的是 27 个人的剧团里有 7 个国际生，一方面是老师比较照顾国际生，另一方面是国际生越来越多地参与到课外活动了。

这部音乐剧《Good News》是发生在 20 世纪 20 年代的美国大学校园的爱情故事。用历史老师的话来说那是一个疯狂的时代，人们的思想发生了极大的变革。当时橄榄球刚刚在美国兴起，迅速成了校园的主旋律。

最开始报名的时候我是想看看自己到底能让自己多忙，从第一天排练拿到剧本和歌谱后的 11 周每天要排练至少两个小时。在表演前的一周需要从 3 点放学一直排练到晚上 9 点，11 周中只允许请假两次。虽然是一部学生作品，但是一样的严谨，两个小时的音乐剧排练会超过 200 个小时。排练的第一天，所有人都拿到了一份精确到分钟的日程表。包括每天是哪个老师，排练的内容。

每天都要练的有唱歌和跳舞。整个音乐剧一共有 28 首曲子，合奏组会唱

其中的 7 首。每天的歌曲排练是我最喜欢的部分。除了唱歌之外，所有人还有一个 3 分钟的集体舞。虽然动作难度不是很大，但是我们练了一个多月才算基本成型。排练中最怕的就是一整天全部练舞蹈。2 个小时下来，早已气喘吁吁。为了使人物更加逼真，每个人还会给自己的人物起个名字，并且写出一段故事包括人物的家庭背景、故乡、受过的教育等，来加强自己和所饰演人物之间的代入感。我们甚至还要学习一些那个时期的俚语，让人物看起来更加真实。因为剧中橄榄球运动员的戏份很多，学校还找来了专业的橄榄球教练为我们训练橄榄球动作。

老师把我安排成主角的替补，每当主角不在的时候我就可以演主角的角色。在第一次从头到尾彩排整部剧那天，主角正巧生病了，我就名正言顺地过了把主角的瘾。从台词到独唱，一气呵成。同学们听到我在唱主角的独唱连谱都不用看觉得很惊讶，因为主演的很多独唱都是单独练习的。但是我因为很喜欢这部音乐剧所以买了这部剧配乐的 CD，自己闲暇时听，没想到关键时刻派上了用场。两个小时的彩排很快就过去了，还觉得唱歌有点没唱够。在台上的紧张感总是能让我兴奋起来，下台之后才开始有点说不出话的感觉。

很快，最初的新鲜感一点一点地被疲倦所取代，从最开始的每天 2 小时，到表演前两周的每天 4 小时，演出周的每天 6 小时的排练让我们有点吃不消，每天训练的强度不亚于参加运动队。在最后几周中，周六周日也要到校排练。这种排练与作业齐飞，"秋水共天长一色"的生活使我感觉排练的最后几周是我到美国以来最漫长的几周。连续 15 天每天排练 3 个小时以上。不过这种厌倦感很快就被舞台的新鲜感所冲淡。表演前两周，我们走进正式演出的剧院——HIGHLINE 表演艺术中心排练。这个能容纳 800 人的剧院与学校的小剧场比起来真的是不知道高到哪里去了。第一次从演员的专用入口进入后台，既兴奋又激动。还记得去年在学校的音乐剧结束时，演员们从后台的出口出来，我觉得他们好像从舞台上的另一个世界又重新回到了现实世界。这可能就是音乐剧给我带来的最大兴奋，我亲自体验了演员们是如何创造另一个世界的。

终于到了首演的这一天。

距离演出 2 小时：演员到场，做舞蹈热身，练声，伸展。老师把重要的场

景转换又重新强调了一次。

距离演出 1 小时：化妆间里七个女生在同时烫头发，女生们拿出了一个比一个大的化妆包，男生们也都不情愿地画上了眼线，涂上了腮红，不过不得不承认化完妆看起来精神焕发。穿上演出服后，看起来也更有 20 世纪的风格。

距离演出 30 分钟：大家手拉手围成一个圆圈，做表演前的祷告。为近三个月的努力而祈祷。音响中不时传来乐队的声音。

距离演出 15 分钟：剧场大门打开，观众开始入场。所有人准备就绪，演员对道具和服装进行最后的检查。

距离演出 5 分钟：所有的演员站成开场合唱队形。帷幕后面能够很明显地听到观众入场的声音。

距离演出 30 秒：观众席灯光变暗，报幕，舞台灯光亮起。

帷幕拉开：全体身着红色学士服开始唱主题曲，不知怎地，我开始极度紧张。不过幸好在帷幕和演员中间还有一层纱帘，来避免演员和观众直接的眼神接触。

演出开始 8 分钟：狂跳的心脏逐渐平歇下来，不过还是很紧张。

上半场结束，帷幕闭合，离开了观众视野的演员们激动地互相拥抱。

整个上半场中由于精神高度紧张，1个多小时的演出感觉像只过了5分钟一样。虽然之前也面对比看音乐剧的更多的观众，但是已经很久没这么紧张过了，生怕由于自己的疏忽把整场戏演砸了。和自己表演不同，一旦在戏剧中出错，所影响的是整个剧团。每时每刻都在担心着："该我上场了吗？""在这一幕中我应该穿什么？""场景转换时我负责哪个道具"……

直到下半场帷幕落下，我才松了一口气。我觉得每一幕之间的布景转换以及3卡车的道具，都在剧组和乐团的共同努力下成为一场完整的演出。

接下来的三场演出依旧在大幕拉开时紧张得微微发抖，不过我却喜欢上了这种感觉。11周的音乐剧训练结束了，心里竟有一丝失落。习惯了剧组在一起排练的日子，突然被下午放学后的自由弄得不知所措。

电影《霍比特人》里有这样一句话："The world is not in your maps and books, When you comeback, you will not be the same。"（世界不在你的书本和地图里，当你回来时，你将从此不同。）音乐剧就像一段旅程，当你回来时可能别人眼中的你还是你，不过当帷幕落下，重新融入普通人的生活时，自己清楚自己将因此而不同。台下的观众永远都不会知道舞台后面发生了什么。有些事，只有自己亲身经历过才能领悟到其中的奥妙。

2015/3/26

新奥尔良义工日志

10年前，新奥尔良经受了美国近代所遭受的最严重的自然灾害——卡特里娜飓风。因为新奥尔良的平均海拔在海平面之下，所以这个三面环水的城市是由堤坝保护起来的。最初，饱经飓风考验的新奥尔良居民只是把卡特里娜飓风当作一次每年都会光顾的飓风而没有在意。虽然新奥尔良政府在飓风登陆的前一天发布了强制疏散的命令，但是直到灾难来袭还有 15 万人没能撤出新奥尔良，并且他们将很快认识到政府的疏散绝非空穴来风。卡特里娜飓风撕毁了新奥尔良赖以生存的屏障，堤坝多处决口。整个新奥尔良被大水侵蚀。水流将本就不富裕的新奥尔良淹没在水中。10 年后，学校 25 人的义工队伍将横跨整个美国，到密西西比河的入海口——新奥尔良，帮助慈善组织 Habitat for Humanity 进行新奥尔良的灾后重建。并且在做义工服务的同时实践简约生活，体验当地人的生活。

——引子

2015 年 4 月 6 日　星期一

我在去新奥尔良的前一天晚上感冒了，在睡了十几个小时后还觉得有点神情恍惚，不过还是决定启程。早上 4 点钟住家把我送到了机场。在机场远远地看到了同学们。这次去新奥尔良做义工一共有 21 个学生，其中有 6 个女生，另外，还有 4 名老师。很多人都是直接裹着毛毯来的，平日里每天都穿正装的老师也换上了 T 恤。在近 5 个小时的飞行后，一下飞机，一股潮湿的热浪扑面而来，让我的头痛一下子缓解了好多。4 名老师租了 4 辆车作为我们之后几天的主要交通工具。开车大概半个小时我们就到了住的地方，我们住的地方是一个基督教教堂，10 个人一间房，床都是上下铺，美国人可能还是第一次见到这么多人住在同一个房间里。一开始还有点不习惯。

晚上我们去超市为接下来的几天采购食材。这次义工之旅很重要的一点就是实

践简约生活。所有的义工在工作期间不能使用手机，晚上 10 点熄灯，小组间互相做晚餐。在工地的午餐也只是两个三明治和一袋薯片。在晚上老师带我们在教堂周边的社区散步。教堂的周边算是新奥尔良的富人区之一，精致的法式或西班牙式建筑鳞次栉比。不过我们很惊奇地发现了几乎所有的房子前的草坪上都插着这样的一

个牌子。"FIX MY STREET， I PAY MY TAXES！"（我交税了，请把我门前的路修好！）这些豪宅门前的路确实很多地方坑坑洼洼，有的地方还打着补丁，不过还没严重到影响行车的程度。但是我们也没有多想，觉得政府确实应该重新修路了。散步回来，10 点准时熄灯，很久都没有这么早睡过了。

2015 年 4 月 7 日　　星期二

今天是盖房子的第一天。我们的建筑工地位于受灾最严重的地区之一。虽然那次飓风已经过去了 10 年，但我们依旧能看到路边有用木板把门窗封起来的房子。这些房子是飓风后受损太严重，房子的主人也没有钱修，也就被废弃了。我们一下车就见到 Habitat for Humanity 的工作人员在建筑工地等着我们，一看他就是饱经风霜，皮肤被晒得黝黑，一双靴子已经脏得不成样子，看着他，我们都对接下来几天的工作量感到有些担心。美国绝大多数的房子都是一两层的木质房屋，除了地基是钢筋混凝土之外，其他的部分都是由木板搭成的。我们的第一份工作就是测量木板的尺寸是否合格。开始时我也很奇怪，为什么工厂生产出的木板还有长有短。后来他向我们解释这是因为当地的人工很便宜，所以出于经济角度考虑，即使买一些有误差的木板，然后再通过人工校对也要比直接买高质量的木板便宜。我们两人一组将木板从街对面的集装箱中搬到草

地上，再测量木板的宽度。之后我们就按照宽度的差别把木板横着竖起来，再放进混凝土搭起的地基中，再用钉子把木板和框架钉在一起。有点怕高的我只能坐在有木板架起的横梁上钉钉子，我们所搭建的这几十块木板将会支撑起地板。下午我们则把相邻的两块木板之间再钉上一块木板加固。第

一天工作下来，觉得劳动的强度还可以，没有想象中的累。天气也还好，天上的云很多，不过很多人还是被晒伤了。下午四点返回教堂时大家的脖子、脸都被晒得红红的。

2015年4月8日　星期三

在去建筑工地的路上，我们就预感到不好。天上太阳直射，气温接近30摄氏度，而且万里无云。一到建筑工地我们领到的任务让本来就很炎热的一天变得更加艰苦。今天的任务就是挖土。我们要在房子旁边挖出一个长7米，宽2.5米，深0.35米的坑用来把混凝土浇注进去，作为车库的地基。因为天气实在是太热了，我们25人就分成3组轮换着挖。好不容易熬到午餐时间，一坐下来，就不想动了，好想在树荫下睡到地老天荒。下午变得更加炎热，我发现自己的脖子后面也晒伤了。

这是我从小到大第一次被晒伤，不过和同学比还算好的。他们有的晒伤处已经开始蜕皮了。我还和一个同学开玩笑说，你都晒成黑人了。下午卖冷饮的车经过，大家一窝蜂地涌了上去。突然间仿佛回到了小学，一到中午放学时大家都会去学校旁边的小摊买冷饮。卖冷饮的是一辆厢式货车，车尾还挂着发电机，一位黑人大妈打开车窗，笑眯眯地招徕生意。她离开的时候我们还和她说，明天一定还要来。下午的几个小时简直是度日如年，轮换下来休息的同学一起挤在一道不高的围墙所提供的极其有限的荫凉之间享受着刚刚买的冷饮。

2015 年 4 月 9 日　星期四

在社区中大概有 10 座正在建设的房子都是 Habitat for Humanity 正在帮助建设的。今天我们到另外一个正在建设中的房子去拆除紧贴着混凝土地基的木板。这些木板就像模子一样和混凝土之间的间隙很小。我们就用大锤把撬棍从木板和地基之间的缝隙打进去，等到缝隙扩大了之后再用铁锹和镐一起把木板撬开。今天的天气很好，太阳没有那么毒，不过我们还是在一天之内用光了 5 瓶防晒露。中午一如既往的面包夹火腿肠之后，下午开始打用来放围墙柱子的洞。我们用一个类似螃蟹钳的工具把土一点点挖出来，直到洞达到 16 英尺（40 厘米）。有几次我们挖着挖着碰到了成块的水泥，老师就用破拆工具把水泥打碎，之后再用手把水泥碎片掏出来。因为今天的阳光不是很强，几个榄球队的男生直接光着膀子上阵。他们要在下午把一块废弃的水泥砸开。他们轻松地抢着我拿着都觉得重的大锤，水泥墩被他们砸得碎片乱飞。脑中响起了"咱们工人有力量，嘿，咱们工人有力量……"

晚饭后，老师带领我们去新奥尔良的法国区参观，据说新奥尔良是美国闹鬼最严重的城市，而法国区是新奥尔良闹鬼传闻最多的街区。一位芝加哥大学表演系毕业的导游带领我们游览法国区，给我们讲很多建筑的历史和闹鬼的传闻。听着我冷汗直冒，后背发凉。她讲到闹鬼最严重的一家旅馆时，说有一个非常美丽的女鬼在邀请男人跳舞时都会从后面先扶住他的肩膀。这时后面的同学故意拍了我肩膀一下，把我吓得一下子跳了起来，所有人都哈哈大笑。

2015 年 4 月 10 日　星期五

今天是盖房子的最后一天，我们被安排到一座已经接近完工的房子刷油漆，抹腻子，给木材抛光。这些室内的工作跟在烈日下挖挖土相比实在是天堂呀。由于是最后一天，大家的心情都很好，都在抢着干活。在最后一天我也在想反正是最后一天了，就把自己搞脏吧。我的一件 T 恤衫沾满了油漆，就这样报废了，不过还是很高兴。一天的工作结束之后，作为离开新奥尔良的最后一餐，我们去了一家当地很有名的海鲜餐馆。小龙虾是当地特产，我们足足点了 4 公斤的辣味小龙虾。很多美国人都是第一次捡到小龙虾无从下手，看他们吃小龙虾还是挺有意思的。南部的食物分量已经不能用大来形容了。即使是抢大锤抢得最欢的男生也吃完了他食物的半份。而且当地烹饪海鲜以炸为主，什么都是炸的。炸螃蟹，炸牡蛎，炸鱼，炸虾……已经撑到不行的我们忽然觉得对在美国南部盖房子有点不舍。不过美联航没有让我们伤心，把我们留在了南部整整两天。

2015 年 4 月 11-12 日　传奇的返程经历

我们原定于周六返回西雅图，所有人早上 5 点没睡醒就迷迷糊糊地去了机场。谁知到了机场航班由于机械故障被取消，于是晚上美联航就把我们飞到得克萨斯的休斯顿过夜。第二天再分四批飞到一个西雅图附近的城市，之后老师再开车把我们载回西雅图。不过有两个人很幸运，第二天晚上可以直飞西雅图。那两个哥们是最后一批走的，只有他们两个人坐一个航班。结果我们飞机落地之后这俩人告诉我们他们的航班在得克萨斯上空转了一圈之后又降落回原来的机场了。他们还要在得克萨斯再待一晚，而且还没

有老师陪。最有意思的事是这两个男生还先后和同一个女生好过。当我回到西雅图时已经是周一的早上一点了，就这样，我们的新奥尔良义工之旅在传奇的返程后结束了。

后记

在回西雅图的路上，我问自己两个问题：我上次这么累是什么时候？我上次这么脏是什么时候？印象中大概只有军训可以与这几天媲美。但是军训是硬性要求，而这次是完全出于自愿。我们在为素不相识的人服务。从打地基一直到房子建成，需要一个30人的义工团队连续工作两个月。而我们所做的可能很少。不过一想到因为我们的努力，一个家庭因此就能快一点得到属于他们自己的房子，就能拥有一个家，我们的努力都是值得的。我的美国同学说他到了我们的建筑工地觉得这里是另一个国家。除了插在房子上的美国国旗能够让他想起这是美国之外，其他破旧的房子让他觉得来到了另一个国家。的确，西雅图是全美人均受教育程度最高的地区之一，同时也是全美第二宜居的城市。很多学生没有见过极端的贫穷，很多新奥尔良人的生活对于他们是难以想象的。这时我突然想起了那些门口插着"FIX MY STREET，I PAY MY TAXES"的豪宅里的人听说我们在为穷人建房子时，他们的反应十分冷淡，只是说："哦，现在还有人在做这件事呀。"从理性上来判断他们没有任何错误，既然交税了，政府就有责任把路修好。但在城市的另一隅还有很多没有家的人，每天在为生活苦苦地挣扎着。可能很多人不理解为什么我们会横跨整个美国，花钱为别人服务。因为人凭借理性而生存，但是人因感性而真正地生活。只有当自己亲自做了才能体验到个中甘苦，去投入自己的精力和时间时去帮助他人时，远比只是单纯地捐款或者只是在嘴上说说能够学到的更多。

2015/4/18

来美国，不只是留学

　　美国，有什么不一样？跨越十几个小时的时差，带着梦想与希冀，我开始了美国的学习与生活，也开始了对这个问题的探寻。美式教育将我内心原有的"固化程序"彻底删除，我沉潜在丰富的学科之中，触摸到学识的温度。"扑朔迷离"的美国文化，中美文化的差异，让我以更全面的眼光看待人生和认识世界，也让我清楚在美国这个"战场"上应该如何从容应战。我知道，来美国，不只是留学！

知而不取与知足常乐

在游历了世界上十几个国家后，我被那种人与人之间的友善与亲和所感染。在我准备留学的过程中，很多人会不理解，问我为什么不继续在国内念书，而要跑到异国他乡，支付高昂的学费，还要和全世界的学生一决高下。我的奶奶曾经认为中国地大物博，在中国上学是最好的。当谁说想要出国时，她总会说："中国这么大还不够你待的？"但是，当她真正踏出国门，出国旅游几次以后，亲身经历了外国的文化思想，人的精神素质后，她反而大力支持我出国。所以说，了解与经历也是一种力量。

畅销书作者马克·汉森讲过这样一个案例："假若你生活在一座高山上，山上没有报纸没有任何的宣传工具。从小到大，你爸爸只拿馒头给你吃，你身边所有的朋友都在吃馒头，你会觉得吃馒头很正常。从来没有人告诉你有水煮鱼，有肯德基，有满汉全席。那么，你会不会想吃一块肯德基？为什么不会？因为你不知道。"

当你不知道可以环游世界时你会去做这件事吗？当你不知道有奔驰有法拉利时你会去买它们吗？

有人说：佛家提倡"知足常乐"，因此人不可以要得太多，要懂得满足。然而，"知足常乐"是建立在"知"的基础上，你首先知道世界上有种种的东西，有各种人生境界，你是在"知"的基础上然后懂得"取舍"，才"常乐"的。

如果你在"全然无知"的情况下"常乐"，因为不知道而不去渴望，不去奢望，不去追求，那就是愚昧的"井底之蛙"。

因此，所有的一切都来自于"你知道"。

2013/8/25

美国既不是地狱，也不是天堂，是战场
——家长留学心态与留学生真实生活

"如果你爱他，就把他送到纽约，因为那里是天堂；如果你恨他，就把他送到纽约，因为那里是地狱。"这是曾经在20世纪90年代红极一时的电视剧《北京人在纽约》中一句经典的台词。放眼今天，2012—2013年度在美国留学的中国留学人数比上一年度增长21.4%，达到23.5597万人，占在美国留学国际总数的28.7%，中国连续四年成为向美国输送留学生最多的国家。

自2002年中国加入WTO以来，中国的精英阶层已经"先富起来"，纷纷将自己的孩子送出国。并且现在看起来高不可攀的留学风潮已经遍及越来越多的家庭，上至腰缠万贯的富商巨贾，下至口袋里有点钱的普通市民，都跃跃欲试想把自己的孩子送出国。家长拼尽全力供孩子念书甚至不惜威逼利诱也要把孩子送出国的家长也屡见不鲜。越来越多的家长选择让孩子出国读书无外乎以下几种原因：

从心理上分为：

1. 理性型：

家长认识到国外教育的客观先进性，想让孩子出去学习知识，增长能力。

2. 攀比型：

看到别人的孩子都出国了，自己的孩子不出去就输在了起跑线上，将孩子作为炫耀自己财富的工具。

3. 目的型：

为全家未来移民打下基础。

从经济上分为：

1. 砸锅卖铁型：

年收入 20 万以下，为送孩子出国大举外债。

2. 普通中产型：

年收入 40 万到 80 万，家里经济会感到压力，对于生活水平会有一定程度上的影响。

3. 富裕型：

年收入 100 万以上，送孩子留学对于生活品质无显著影响。

以上两组条件互相搭配就会形成家长基本的出国心态。然而，一旦孩子踏上了飞机后，家长往往很难了解孩子在国外的真实情况。而正是这些不同的心态导致了孩子出国后的行为大相径庭。

在美国，一切的一切都是由自己决定的，美国高中教育体系提供了一个无比自由、开放的环境。在这个体系中几乎可以决定自己的一切。学习仅仅成了生活中的一部分，而且可以由学生自己选择是不是最重要的一部分。这种与国内相比极高的自主性，以及缺少来自父母的监督，导致了中国留学生之间的极大不同。初到美国，一切都是那么的新鲜，看到与自己血脉相亲的中国学生更是倍感亲切。但是随着时间的推移，中国学生的生活方式与学习上的差距让人目瞪口呆。有每天被各种 Honor（荣誉课程），AP（大学学分先修课程）课包围到寄宿家庭说她"这孩子最近没有睡觉的习惯的"学霸；有托福考了十几分就信心满满地踏上出国路的；有为了省钱自己理发、两年回一次国的，也有周末去商场购物随便花掉一两千美金，每天开着奔驰（学校里最好的车，校长也不过是一个年代久远的沃尔沃）上学的；有社团达人，运动先锋，也有每天只待在宿舍里打网游的；有可以与美国人相谈甚欢的，其实现实中的留学生活远没有想象中的美好，语言差距，文化鸿沟，生活习惯，还有一种"已经深入骨髓"的思乡。语言差距尚且可以通过加倍努力来尽量弥补，但是想要改变自己所属的文化不是一朝一夕的事，并且需要语言能力作为基础。

到了美国高中以后觉得英语好的中国人大部分都在国内，之前还抱着出国后英语一定会变得很好的想法。到这里发现全英文的环境会对英语有帮助，但绝没有想象的那么大。学校为英语基础弱的同学提供的 EFL 语言课程，感觉甚至还没有国内的托福补习班效果来得明显。因为每天的任务量都会很低，而不像国内每天都要做大量的练习，背单词背到不想再背，从这方面看来大量的练习在一定范围内还是有效的。所以觉得还是在国内把英语基础夯实之后再出来为妙，而不要幻想着出国一两年英语自动就能变很好。而且在国外留学，英语是直接决定学习质量和人际交往的关键因素。在国内良好的英语基础会大大地缩短在美国高中的适应期，而不是到美国正式上课后"两眼一抹黑"。我的一个同学就是因为英语实在不过关，挂了两门语言课程，之后学校要强制给他找辅导老师，否则就会被退学。结果导致他每次见到主任都会躲着走，生怕主任说给他找辅导老师的事。

在美国高中，绝大多数的中国学生都无法和美国学生成为很好的朋友。英语是一方面，更多的是文化方面，在数学课上和亚裔美国人聊天时就会感到很

舒服，但是面对一个美国白人时明显感觉话题很少，至于他们谈论最多的橄榄球到现在我也一直认为是一群人在打架……这也就造成了留学生还只是在本国本族的小圈子里，很难有所突破。而这种文化差异导致与美国学生交流更少，进而形成了一个英语不好，不敢开口与别人交流，无法得到美国学生认同，从而导致英语更不好的恶性循环，从而只能在中国朋友身上找到归属感和认同感，造成了中国留学生的"扎堆"现象。

在国内多年养成的习惯更不是一朝一夕可以改变的，正所谓江山易改，本性难移。在冬天也照样喝加冰的牛奶，所有的衣服都丢到洗衣机里一起洗，之后直接烘干，知识产权保护相当严格，看电影听歌都要付费，而且价格不菲。

如果在使用学校的网络下载盗版是会被学校警告的，甚至有可能会被起诉。美国的饮食文化多而不精，在这里的中餐与国内比至少差了 10 年，但是对于酷爱比萨汉堡的"90 后"来说可能也不是什么大问题。诸多的限制使中国留学生的生活远不像看起来那样美好。

我曾经拜访过同学的住家，一进门发现几乎没有站的地方，所有的衣服、书全部扔在地上，据他说"穿完一件，就往地上扔一件"，每天晚饭后自己的碗也让别人帮着刷，就更不用提主动帮住家做家务了；另一个同学，英语水平不佳，性格极其内向，1.9 米的男生，连与老师说话都不敢，平时要是找老师有时还要让同学帮着说。也有凭借自己家经济实力雄厚口出诳言的，更有每天放学后几个人去附近的隐蔽处抽烟的。我寄宿家庭的大学生还告诉我说美国豪车云集的地方不是车行，而是社区大学。奔驰宝马在那里根本算不上豪车，甚至连好车都不算。

俞敏洪说过："国际上的著名大学不是收容所，他们只接受世界上最优秀的人才。"留学生活表面光鲜的背后其实要付出的远远比国内参加高考的学生更多，而不是每天很轻松地得过且过就能进入理想的大学。在我的高中有一位新生念了3个月就念不下去，寒假时回国了。如果抱着逃避高考的心态来到美国留学，其实是得不偿失的。因为美国的教育体系对于学生的压力是逐步加大的。如果是学生自己选择的还好，即使有时学习压力很大也不会有较大的心理波动。然而一旦被家长出于种种原因逼出来的学生，往往会因为想家和生活学习上的压力感到迷茫。

留学，其实是一种冒着极大风险的投资，而不再是今后发展的捷径。留学其实本身并不代表什么，而真正增长的能力——知识与语言能力，才是在未来国际化竞争中取胜的关键因素。

2014/1/20

白猫黑猫
——国际生面临的真正挑战

"不管白猫黑猫，能抓到老鼠就是好猫"，也许是最适合描述美国高中的种族歧视问题现状的一句话。种族歧视被很多学生认为是出国留学的最大挑战。但是在美国高中的种族歧视现象几乎难以察觉。临行前我还在想，到美国后会不会被歧视。到了美国以后发现，绝大多数的美国同学都很友善。"物以类聚，人以群分"，由于文化背景的缘故，中国留学生还是更喜欢与亚裔美国人接触。

因为亚裔学生在总体学生中比较少，难免会有一种惺惺相惜之感，也会有更多的共同话题。

还记得有一次，我与一个美国数学专业的大学毕业生聊天。我很好奇地问他："为什么中国学生的数理化素质远超同龄美国人，但是美国却是世界科技的先驱？"他回答说："在这里，一切皆有可能。"无论肤色，无论信仰，任何人都可以完成自己的梦想，也就是所谓的美国梦。在美国高中，这个世界文化的大熔炉中可以找到黑人、白人、拉美人与亚洲人，在学校中更是各色人种穿行。每个人都在被自己的家庭背景、族裔文化、个人的价值观所支配着，创造着属于自己的生活。在美国高中，国际生与普通美国学生是比族裔更明显的标签。

国际生融入主流文化是比种族歧视更大的挑战。在国内总有朋友和家人陪在身边，这些在国内再平常不过的关系往往被我们所忽视，直到踏上异国他乡的土地才知道这种关系的珍贵。国际生融入主流文化的能力是在一个人的基本生理需求与安全感的需求被满足后才产生的，这种被他人需要和承认的心理需求直接影响着留学生的生活质量与幸福感。

融入美国高中主流文化最重要的有两方面：

首先是乐于展现自己的心理。

亚洲国际生不可避免地要受到来自本国文化的影响，"谦恭礼让，端庄文雅"是我们从小受到的传统教育，也是中国老师眼中好学生的标准。但是在美国，由于教学环境非常自由，不主动展示自己的结果就是被疏远和被边缘化。而在美国，越乐于表现自己的人越能够得到他人的关注和认可。所以要在保持传统的同时也要乐于向别人主动地推销自己，从某种程度上来讲，更像是通过不断的展示自己来改变美国人对于国际生的固有印象，并且塑造一个个人品牌。

其次是过硬的英语。

国际生可以在英语考试中拿高分，但是很有可能与美国学生日常的交流都

有问题，一些口语化的表达不是托福所能涵盖的，经常需要让人家再重复一遍。试想如果一个外国人和你交流没说几句话就要让你重复一句，那你一定会觉得沟通很不顺畅，就更别提语言的艺术与美感了。所以在正常情况下美国人是不会主动和你进行长时间的交流的，这就需要留学生主动出击，"有条件要聊，没条件创造条件也要聊"。只是在聊的过程中要选好对象和话题，电影、明星、橄榄球、篮球等都是不错的话题，有时甚至可以和他们聊聊电脑游戏。其中有一些美国人对中国很感兴趣，还会进一步问你中国的情况，这时候就是检验托福口语成果的时候了。也不要管语法错误，让对方能理解就好。语法可以慢慢提升，但是给他人的第一印象往往很难改变。在与他们交流的同时不仅提升了英语水平，也向他们展示了一个乐于表达的形象，而不是闷在一旁，对别人爱理不理。我的一位朋友因为英语一般，在与外国人交流时基本只回答 yes 和 no，与她关系好的老师就问她：别人说每次和你说话时你只说 yes 和 no，但是你在我的课上总是不停地说，这是为什么？她着急想要解释，脱口而出："Yes, No, No, Yes."

只要勇于尝试，敢于张嘴，你将是最棒的。

2014/3/14

寄宿家庭的魅力

到达美国，在当地家庭生活体验完全不同的生活方式，提高自己的语言水平，找到一个心理上的依靠，与宿舍相比低廉的价格……这也许就是寄宿家庭的魅力所在。

寄宿家庭一般分为三类：第一类是为了给自己的家庭带来一些额外收入，在美国有的家庭就以接待寄宿学生为主要的谋生手段。第二类是属于"释放爱心"型，所谓"释放爱心"是指有些父母在老了以后或者孩子都离开家了之后会感到空虚和寂寞，所以就要找一种方式来填补自己的时间和释放自己的精力和爱心。第三类则是两者兼具。我的同学告诉我，她之前的寄宿家庭中有 5 个国际学生，再加上自己家中的 5 个孩子，家里什么语言都有，每天吃饭就像开联合国大会一样，家庭中的男主人专职照顾所有的孩子。而我的家庭也有近 10 年接待国际学生的历史，听男主人说上一个学生从高中到大学一共住了 7 年，他们家的小儿子还是婴儿时他就来了，一直住到小儿子上小学才走。

　　临行前在与国外的同学交流时，出乎我的意料，他们叮嘱我最多的不是如何学英语，而是寄宿家庭。甚至有一位朋友对我说寄宿家庭就是在国外生活的一切。当我第一次听说"寄宿家庭"这个概念时，还是初中学校组织的那次游学，其中最吸引我的一点就是可以在美国人家里住上一周，虽然与那次机会失之交臂，但觉得可以在美国人家中寄住还是很新奇。当初的我无论如何也不会想到，此刻的我已经在美国寄宿家庭中生活了 3 个多月。从最初的陌生，不知所措，已经越来越习惯寄宿家庭的生活，也享受着这个临时的家带给我的便利。

初识寄宿家庭

　　在学校报到的那天第一次见我寄宿家庭的男主人，本来说是一个白人家庭，结果不知怎么，阴差阳错地变成了一个菲律宾家庭，第一次见面印象就不是很好，再看他开的车，也很破旧。一路上我们跟着他的车七扭八拐地找到了他们家，一看感觉也很一般，院子里荒凉一片。后来才知道他们所住的小区档次并不低，只是 20 年的房子显得有些旧了。麦克家为我准备的房间大概有 13 平方米的样子，虽然陈设简单，却十分舒适。由于北美的房子都是木质结构，所以隔音自然没有国内的钢筋水泥好，走路时有的地方还会有响声。家中除了厨房的部分，其他的地方全部铺的地毯，穿着袜子在上面走感觉好舒服，冬天也很暖。有时索性直接坐或躺在房间里的地毯上，装模作样地模仿着美国人的不拘小节。当然了，我也会经常自己用吸尘器吸地毯。

　　男主人麦克来自美国关岛，大学时为了求学来到美国本土。最近刚刚找到一份类似网管的工作，收入应该不是很高。家里有三个小男孩，分别上 11、10、5 年级。家里的女主人珍妮，有三份工作，每天早出晚归，披星戴月。家里的三个小孩都十分瘦小，每天最大的爱好就是电脑游戏，我第一次去他们家时，惊奇地发现他们家客厅中居然有 3 台电脑，看起来像网吧一样。有时候家里的大儿子还会把房间里的 XBOX 游戏机连到电视上，一家四口一起打游戏。每逢周末，家人还会聚在一起看电影，大屏幕液晶电视，3D 蓝光播放机，雅马哈音响，在家中就会有小型电影院的感觉。去自动租售机花上 3 美元,租一部蓝光影片,全家一起欣赏,虽然效果难以和 IMAX 媲美,但是绝不比国内电影院的小放映厅逊色。

我的衣食住行

我寄宿家里的饮食略显单调,但中西结合,米饭每天必备。可能是由于我喜食快餐,我甚至觉得比在中国吃的都好。家里的三个男孩从不吃蔬菜水果,只喝瓶装果汁。因此家里的沙拉基本都被我和另一个中国学生消灭了。早餐基本会有:炒饭、面包配鸡蛋、墨西哥奶酪、鸡肉饼、牛奶、麦片。每天的午餐都是家里带的。汉堡、米饭、比萨,我经常还会在学校食堂买一份沙拉或者一份水果。晚餐基本是速冻食品,也会吃得比较晚,其中我最喜欢的就是千层面。女主人有空的时候还会为我们煲汤,可能因为是厨师的缘故,感觉他煲的汤比中国自己家煲的汤都好喝。好在运动充足,体重一直保持得还不错。

在临走之前还特地学习自己洗衣服,结果到了美国一次都没有洗过,从洗衣机拿出来直接丢进烘干机,从烘干机取出来的衣服都经过了高温消毒杀毒,所以美国人就基本内衣外衣一起洗。由于加了香料,衣服上还会有一种淡淡的香气。这次是彻底体验到了科技就是为了我这样的"懒人"发明的,从另一个角度看,懒人也推动了社会科技的进步。

心灵根据地

在麦克家住了一段时间后，虽然他家的经济条件在美国的社会中属于偏低水平，但是给人心理的感觉确实非常舒服，每次当我想出去购物或参加 party 时，他们总会送我去，女主人还帮我缝过衣服，这都是住在宿舍享受不到的待遇。天气入秋时怕我冷，还为我买了一个类似国内热水袋的东西，只不过是只需要用微波炉加热的，十分方便。每次学校的活动他们也都很支持我参加，即便要起大早送我。印象最深的一次是我想去给手机改套餐，和麦克说了。本来我的意思是让他有空的时候带我去，没想到他看了看表说商店还有 20 分钟下班，就直接要带我开车去了。我忙说不用，让他这周有空时带我去就行。结果第二天放学就发现麦克早已等在学校门口。

记得还有一次，我去参加 homecoming 舞会，结束时已经凌晨一点了，我们都已经困得东倒西歪了。麦克和珍妮还是去学校接我，学校的停车场只有他们的唯一一辆车，到家已经两点了，而且他们第二天还要在上午去做礼拜。我在第二天醒来时发现他们做礼拜已经回来了。

他们还经常问我想吃什么，虽然我基本也不知道，但是至少这种被关心的感觉很好。偶尔还会给我买我喜欢的椰子味的哈根达斯。

麦克的人生哲学

寄宿家庭中的爸爸麦克，关岛的原住民，一副亚洲人的面孔，青年时来到西海岸华盛顿州求学，又因为丢了工作做寄宿家庭。就这样，与来自 8000 公里外的我第一次见面。起初，我还以为他是菲律宾或是越南来的移民，后来才知道他的那一口纯正的英语是怎么来的了，人家可是纯正美国公民。

每次与他交流都能够感受到那种文化背景的差异，感觉与中国人的思维完全不是同一种模式。麦克平时在家时甚至会和家里的小孩子一起在电视上打游戏，每周都会和朋友出去一起打板球，甚至有时早上 5 点就出门打球。虽然每个月大概只能挣到 2000 美元的工资，开着一辆有着十多年历史的二手车，但是生活也很幸福。他会花小半个月的工资给他太太过情人节，会带着孩子到处旅行，甚至在旅行的途中把电视搬到车上，连上游戏机，让孩子在车里打游戏，看电影。特别是他与我的那次长谈更是让我看到了这两种思维方式的差异。

那次，他给我留下印象最深的一句话是："虽然我没有在大学毕业，家里也不是很有钱，但是至少享受了陪伴孩子成长的过程与家庭的幸福。至于赚钱，无论什么时间开始都不晚。"这让我想到了美国历史老师对亚洲学生说过的一句话："最重要的是过程而不是结果，不要一味地去追求满分的成绩，而是要放松下来，真正在过程中学到知识，至于成绩，我会帮你们的，要放松，放松。"这让我们这些对 GPA4.0（满分）如饥似渴的亚洲学生们的内心不禁小小地震动了一下。

"你可以很努力，高中四年，大学四年，还不知道是不是要读研究生，想一想到那时你都多少岁了，大概二十六七岁吧，那么在人的精力最旺盛的时期，你用什么时间来享受生活呢？所以我 35 岁才结婚，在这些年里到处旅行，度过了我人生中最自由，最酷的几年。""少壮不努力，老大徒伤悲。"我想，但是麦克对于现在的生活很满意，那种满足的状态也是弥足珍贵的。他不需要忧虑未来，只需要去享受现在。每月 2000 美元的工资虽然不多，但是养活一家人足够了，何况还有每天打三份工的他的太太，等孩子上大学以后他们两个人就可以幸福又富足地生活在一起了。太太也不再需要每天早出晚归，可能到时候就又会去做寄宿家庭了，一方面是可以使经济压力更小，另一方面也可以释放一下爱心。

每天从家离开前，麦克都要和他太太吻别，周末会租上一部蓝光影片与家人一起欣赏，有时两个人还会单独出去享受二人世界。他将家庭与孩子放在首位，但是同时也产生了一些问题，他对自己的孩子要求得很松，导致3个孩子每天把所有的时间都放在了游戏里，不吃蔬菜和水果，家里的老二每次能吃掉一升的冰淇淋。两个高中生无论从样子还是行为还像小学生，老大经常会在玩游戏时激动地大叫。家里最小的孩子已经5年级了，吃饭时还要别人喂。来自于他太太的亚洲教育风格与麦克对孩子的宽松造成了麦克家3个孩子的现状。从短期来看，孩子们过得确实很高兴，在将来说不定会追求与麦克相同的生活吧。

2014/3/15

扑朔迷离的美国文化

有这样一则笑话：

在一次盛大的宴会上，中国人、俄国人、法国人、德国人、意大利人都争相夸耀自己国家的酒，只有美国人笑而不语。中国人首先拿出古色古香、做工精细的茅台，打开瓶盖，香气四溢，众人为之称道。紧接着德国人拿出威士忌，法国人拿出大香槟，意大利人亮出了红酒，俄国人取出了伏特加，真是异彩纷呈呀！最后，大家都把目光投向了美国人，想看看他到底能拿出什么来。美国人不慌不忙地站起来，把大家先前拿出来的各种美酒分别倒了一点在一只酒杯里，将它们兑在一起，说："这叫鸡尾酒，它体现了我们美国民族的精神——博采众长，综合创造。"的确，这酒既有茅台的醇，又有伏特加的烈；既有红酒的酸甜，又有威士忌的后劲……

从表面上看美国文化是最浅显易懂的，不就是自由、民主、平等吗？然而在美国学习的时间越久，发现美国的文化越复杂，与中华五千年文明相比，美国200多年的历史简直不值一提，但就是这样一个没有深厚文化积淀的国家却成了世界上目前唯一的超级大国。在美国的很多地方都可以找到比美国年纪更大的遗迹，比如绝大多数常青藤盟校。美国的文化就是一个各民族文化互相交流所形成的，然而其中最根基和核心的部分是盎格鲁－撒克逊文化，本文将浅显地探讨这种文化的发源与特点。

根据维基百科的定义，白人盎格鲁－撒克逊新教徒"本义是指美国当权的精英群体及其文化、习俗和道德行为标准，现在可以泛指信奉新教的欧裔美国人。此群体拥有庞大的经济、政治势力，构成美国上流社会和中上阶层的绝大部分。尽管美国社会日益多元化，但他们的文化、道德观和价值取向仍在很大程度上影响着美国的发展"。

看着很难懂是吧，简单来说盎格鲁与撒克逊其实是两个来自丹麦附近的部落，是两个征服了英格兰的民族，把英格兰的原住民都赶到了爱尔兰与苏格兰，这也是为什么英格兰、爱尔兰与苏格兰人互相看不起的原因。毕竟曾经被盎格鲁－撒克逊民族征服过。言归正传，1620年，载有清教徒的"五月花"号为美洲大陆运来了第一批移民，而他们就是美国文明的开始。这也就从时间角度解

释了为什么盎格鲁－撒克逊文化是美国的主流文化。

从盎格鲁－撒克逊文化的发源角度看，盎格鲁－撒克逊民族始于西欧，常年光照不足，不适于农作物的生长，于是也就决定了整个西欧都是以游牧为主，所以盎格鲁－撒克逊文化也是建立在游牧基础上的一种骑士文化，强调忠诚，英雄主义，勇气与力量。这也就是为什么这种文化体系对于体育的重视与东方的"万般皆下品，唯有读书高"差别如此之大。

学校中的风云人物都是球队的队长或明星，很少有 GPA4.0 的满分学生，而且体育运动在学校是衡量一个学生最重要的标尺，甚至优于学习成绩。这也和这种盎格鲁－撒克逊文化所强调的勇气与力量相符。毕竟学习成绩是无法考量一个人是否有勇气与团队合作精神的，这也体现在学校评出的绩优生大部分都是在学校中不太活跃的。这种对于体育运动的狂爱也体现在社会的方方面面。美国顶尖大学联盟常青藤盟校其实在建立初是一个运动联盟，而橄榄球的决赛"超级杯"则是美国收视率最高的节目，媲美中国的春晚，万人空巷，所有人都穿上橄榄球队服，学校甚至还会为赢球放一天假让所有的学生去参加游行。

"布什父子总统三代都是耶鲁大学的学生，也都是耶鲁运动明星。布什爷爷普里斯科特就加入耶鲁棒球队，还获得过全美大学生运动会高尔夫球冠军，老布什本人是耶鲁的棒球队一垒手，而且是全队的队长。小布什也是耶鲁大学校队二垒手，并且是家乡棒球'得克萨斯游骑兵队'老板。"美国现任总统奥巴马在入主白宫后，自己掏钱把白宫内的一个保龄球场改造成了篮球场，他身边的内阁成员也有不少篮球高手，比如身高 1.96 米的教育部部长阿恩·邓肯曾是哈佛大学校队的副队长，在澳大利亚的职业联赛打过球；国家安全顾问吉姆·琼斯身高 1.93 米，曾是乔治城大学校队的前锋；司法部部长霍尔德也在中学时担任过篮球队长。奥巴马甚至组建了内阁篮球队，还邀请NBA退役球星前往白宫较量。白宫主人要是不擅长一两项运动，恐怕难以在大选中脱颖而出。由此可见美国全民对于体育的热爱。这也是受盎格鲁－撒克逊文化的影响。

美国人极其遵守既定的规则，这就是盎格鲁－撒克逊文化对于美国社会的另一个影响。这种影响是由其精神本质中的忠诚与勇气的特征决定的。正所谓言出必行，一旦规则制定就必须遵守，要么就改变规则。正因为规则的存在使社会之间充满了信任，而不是说美国人的品德有多么高尚。在美国人眼中亚洲人都很聪明，而中国人看美国是典型的"头脑简单，四肢发达"。甚至有时候觉得美国人有点"傻"，简单来说大部分美国人就是"很傻很天真"的代表。美国是世界上汽车保有量最大的国家，汽车的数量和人口一样多。所以停车就成了一个大问题，在美国停车时很多都是自助停车位，要自己去刷卡交钱，停车场没有任何现场管理人员，交费全凭自觉，在市中心的停车费一般每小时为 8 到 10美元，也就是说，如果在市中心的餐厅吃一顿普通的午餐，停车费很有可能比午餐都贵。但美国人就是乐此不疲地交着比自己实际停车时长更长的停车费。在美国只要停车时间超了 1 分钟就要缴纳 40 美金的罚款，如果超时过久，车会被拖走并面临至少 200 美金的罚款。所以大多数人宁可选择多交一些停车费也不愿意在车窗上多出一张罚单。美国人的小聪明大概就是在拿到了几张罚单后消失的吧。虽然这种严谨的规则让很多初到美国的中国人很不适应，但正是这些繁杂而又严格的规定约束着整个社会，以法制而不是以人治。这也带来了另一个好处就是贪腐现象的减少，一切规则都极其明确，让人很难找到法律上的"灰色地带"。即使法律没有规定，还有宗教的约束，胸前挂着十字架嘴里念着"阿门"去做一些不符合道德的事感觉也不是那么合理。这种对于规则的遵守也和盎格鲁－撒克逊文化的影响分不开，就像欧洲中世纪的骑士一样，荣誉高于一切。

总而言之，盎格鲁－撒克逊文化是美国主流文化的基石，这种盎格鲁－撒克逊文化与各种文化进行不断地融合与相互影响，就逐渐形成了今天美国的社会风气与美国人的道德标准。根据时代的不同，世界各种不同的文化在美国文化中所占的比例可能不同，但是盎格鲁－撒克逊文化的主体地位在短时间内还会是美国社会价值观的主流思想。

2014/5/2

名校！名校？

进入华盛顿州网球决赛，全美网球排位 196 名，学校学生会秘书长，学习对于美国学生来说是一大挑战的微积分荣誉课程，课余时间去敬老院做义工，在同学中一呼百应，这个有着一双蓝眼睛的 Jamie（吉米）是肯尼迪高中里的明星。在我进入肯尼迪高中时，吉米已经是一名 12 年级的学生。在我眼里，他是肯尼迪高中最优秀学生的代表。同学聊天时也经常提到他，觉得将来一定是上名校的孩子。但是出人意料的是他并没有选择一所声名显赫的大学，而是去了一所在加州的可能大多数中国学生压根都没听说过的学校。

在我的再三追问下，他告诉我，他所选择的学校是一所美国大学体育协会一级网球联赛的成员，同时学校位于洛杉矶，也很方便去参加网球巡回赛。他将来的目标就是打职业网球。这个答案很令我诧异，在大多数中国留学生的眼中，选择美国大学一切都要参考排名。被常青藤或是前几十名的大学录取就是成功，反之就是失败。为了一个名校的光环而不考虑名校是否真正适合自己的情况比比皆是。

我认为被一所美国名校录取只是试图提升人生价值的过程而不是教育的最终目标，况且能够进入排名靠前的学校的学生永远只是少数。很多出国留学的学生往往刚从高考的怪圈中挣扎出来，却又掉进里另一个美国名校的怪圈。很多学生认为只要考上排名靠前的学校就是万事大吉。这种心态不改，就很难把留学的价值最大化。

申请大学仅仅是美国留学的开始而不是结束。很多家长出于攀比的心理把孩子送出国，再不遗余力地把孩子送进排名靠前的学校，就为了成为别人眼里的所谓的"成功留学"的代表。以是否被名校录取来衡量留学是否成功。国内的各种培训机构和中介也以送走了名校学生为荣。这里并不是说排名靠前的学校有什么不好，而是许多中国留学生往往不能合理地看待留学，将留学看成一种消费而不是投资，抱着一种为了面子，只要上综合排名靠前的学校，倾家荡产也在所不惜的心理。华人耶鲁教授薛涌曾在他的书中说过："上个好大学固然好，但在大学中表现平平，毕业时则可能连找个写推荐信的教授都找不到。"

随着美国大学平民化的脚步，大学已经逐步褪去了高等教育的光环，越来越多的美国人开始质疑大学毕业文凭是否能够值20万美金，这相当于一个美国普通家庭一两年的总收入。而我的美国朋友吉米有更加长远的规划，他知道自己想要的究竟是什么。他在申请学校时就已经对大学有了一个理性的认识。他将大学作为日后成为一名专业网球运动员的跳板。中国的经济正处于上升期，越来越多的家庭选择送孩子出国。而唯一的择校标准就是学校的排名。中国学生要考名校的狂热好像已经把美国大学的自由选择变成了像高考似的决定命运的大事，能力强的上一个好大学固然很好，但能够真正地认清美国大学的作用才会更理性地做出选择。

在读过了几十本出国留学方面的书后，我觉得能够在美国站得住脚、选校问题、融入问题、文化交流问题等都只有一个终极解决方法，那就是真正地提高自己的实力。美国教育所定义的"实力"就是一个人的完整性，包括一切被人们所认可的品质或能力。因此高中生在任何领域所表现出的杰出都会被接受和认可。

既然已经选择出国，就不要再以中国高考的眼光来看待留学，而要去真正地提高自身的"能力"。当我们放下中国人特有的"面子"，以更理性的态度来面对名校，面对留学时，就会一下子释然，自己也能更宏观更理性地把握留学。进入一所学校不应该是为了赢得所谓的"面子"，而是找到一个真正适合自己的提升"能力"的平台。平台本身没有好坏，只是取决于自己适合与否。

世上本无事，庸人自扰之。

2014/8/18

赠人一箪食

周六早上，睡眠不足的我在早上 5 点半就被闹钟叫醒，纠结着要不要比平时早起一个小时去 Food Bank（食物银行）做义工。真想就这样继续睡下去，不过挣扎了半天，最终心一横，自己已经签名要去，至少要把这次做完。

冒着凛冽的寒风，和学校的同学一起，我晕晕乎乎地坐上了开往食品银行的大巴。车上装了学校捐赠的几十个南瓜派，做 pancake 的面粉和成箱的火腿。

食品银行是接济当地穷人，发放免费食物的慈善团体。每到逢年过节，很多学校和教堂就号召人们捐赠罐装食品。超市也会把快过期的食品捐赠给食品银行。因为食品银行的非营利性质，政府不仅不收税，每年还会拨专款给食品银行。由于多种捐赠和分文不取的义工服务，每1美金的投入，可以产生7美元的食物分配量；每顿饭的成本可以控制在 0.3—0.5 美金，帮助很多经历经济困难的人渡过了危机。不过也不是所有人都可以来领取免费食物的，只有当地的居民才可以。很多受到过食品银行接济的人在找到工作后，也会为食品银行捐款捐物，回馈社会。

到达食品银行以后，所有人戴上手套和头套开始准备食物。每周六学校都会给食品银行做 pancake。pancake 是美国的一种传统食物，一般是把面粉和牛奶搅拌在一起再用平底锅煎到金黄色，再浇上枫糖。我们 10 个人分成三个小组，一组负责切火腿和香蕉，另一组和面，最后一组做 pancake。我拿着一个巨型打蛋器把水和做 pancake 的面粉搅拌在一起。一个半人高的铁桶足足搅拌了十几分钟才完全搅拌均匀。因为面粉太多，中间还加了好多次水。这 3 袋面粉估计够一个人吃上好几个月。搅拌完面粉之后，把面糊装进一个带按压式开关的漏斗，pancake 就正式开烙了。

食品银行有个类似做铁板烧的设备。提着漏斗在锅上挤两下，一个 pancake 就成型了。最开始做的时候还不是很熟练，不是挤了太多面糊，很久才能烙熟；就是把两个 pancake 粘在了一起，翻面的时候很容易就碎了。和我一组的美国同学一眼就看出来我平时在家不做饭，就带着我做，还告诉我说等到面糊开始产生气泡就可以翻面了。大概三五锅以后，我逐渐找到了感觉。凭借着小时候煎鸡蛋的功底，我也能做出大小正好的 pancake 了。看着一面大炉子上排列着整整齐齐 20 个 pancake 一点点变成金黄色，心里好有成就感。不知道烙了多少锅 pancake，估计一共有几百个。这时在食堂的外面，等候就餐的人们排起了长队，还有带着孩子来的。于是我们就加快速度准备食物。

开饭时间到了，近百人的队伍鱼贯而入。其中很多人都是上了年纪的，一脸笑容地进来了。有的还会和工作人员聊几句，就像老朋友一样。不过我还注意到来吃饭的人很少有亚裔的面孔。可能是因为传统观念的影响，觉得白吃白拿不好意思吧。所有人就座之后，几个来吃饭的年轻人负责分发食物。我们则负责把食物装盘。每个人几块火腿，半支香蕉，两个上面还淋着热糖浆的pancake。当把自己亲手做的食物给需要的人的时候，觉得自己是有价值的。虽然没做什么惊天动地的大事，但是至少在某天的某个时间，让一个陌生人因为我的努力而拥有了美好的一天。

2015/1/17

没话找话，没事找事

漫步在夕阳下，只有影子伴我同行。

直至寂寞深入骨髓，才怀念往日的喧嚣。

刚逃出中国熙熙攘攘人群的裹挟，来到山清水秀修身养性之地，蓦然回首却发现自己已经失去了在中国唾手可得的资源——"人"。

从没觉得寂寞是这样的可怕。

我相信很多留学生都有同样的感受，"独在异乡为异客，每逢佳节倍思亲"。长此以往就算一切安好，但是孤独就足以让人意志消沉。独处固然生智慧，不过独处得太多也会让人心烦意乱。

孤独其实是一种缺乏人与人之间联结的表现。那么征服孤独的最好方法就是多与外部世界建立连接。当一个人有很多朋友，或者享受一段时光时，孤独感就会烟消云散。孤独本身可能就像黑暗一样并不存在，只是在缺少阳光时才会呈现出来。

在美国的这段时间里，我觉得抗拒孤独很有效的一种办法就是"没话找话"。这是交朋友，特别是交美国朋友很重要的一点。我曾经和我的一个美国朋友聊到为什么国际生很难融入美国人。她说国际生最大的问题不是语言而是心态。很多人不会去和美国人主动交流，一次两次美国人可能觉得很新奇，主动找你说话。但是国际生可能就简单地回答个是或者不是，就不理人家了。长此以往，放着英语流利，文化背景完全相同的美国人不一起交流，人家为什么偏偏和你聊。所以，国际生一定要主动去和美国人聊。和本国人一起聊天没话找话可能会觉得很生硬，但是此时国际生的身份变成了一个优势。曾经有另外一个国际生告诉我，她的互助小组的美国人与她提起过我，说 Andy 不像很多国际生，老是没话找话和我聊。即使整个过程没那么流畅，他们也会很欣赏主动交流的国际生。

"没话找话"的另一个好处就是对口语的提高有很大的促进作用。这种提高绝非一朝一夕能够达成，而需要量的积累。比起最初的张口结舌，我的口语潜移默化地变得更加流畅了。甚至有的美国人说我说话已经有"美国味"了。

这种口语的提高反过来又提高了交流的效率。

有一个有趣的指标，当一个美国人开始和你聊起他的感情生活时，这时就基本可以判定你们已经很熟悉了。再进一步就是拥抱。在国内，一旦进入青春期就很少有人再拥抱他们了。除了握手，他们要到谈恋爱时才会和另外一个身体有接触。也就是说，他们通常在 10 来年的时间里，没有身体的亲密接触。但这种需求一直潜藏着，并没有消失。美国人其实也很缺爱，好朋友之间

见面都要抱抱来缓解一下"皮肤饥饿症"。在心情不好时，一个拥抱就很有效。拥抱不仅能缓解人心里的压力，同时也传递出了这样一个信号，"你是被接纳的"，"和你在一起觉得很舒服"。这种被别人需要和认可的感觉是很重要的。从科学角度来看，人在拥抱时会分泌出一种催产素的激素来减轻压力及缓解疼痛。由于在亚洲文化中人们是不习惯给他人拥抱的，所以在刚刚到美国时，很可能会不习惯这种交流情感的方式。不过久而久之就会适应了。甚至时间一长拥抱变成了生活中不可或缺的一部分。

　　另一个建立连接的方法是多参加活动，参加各种活动。"有困难要上，没有困难制造困难也要上。"这就是所谓的"没事找事"。对于很多活动，只要不反感就可以去大胆尝试。没人会嘲笑初学者，因为每个人都经历过这个阶段。在来美国之前，我从来都没有打过网球，更没有演过音乐剧，就抱着试试看的心理去参加，结果这两项活动给我的感觉是一天之中质量最高的一段时光。经常最后一节课上到一半，就迫不及待地想去打网球。每天训练结束都意犹未尽。孤独早就抛到九霄云外了。

　　如果什么活动也不参加，下午3点钟放学就回家不觉得寂寞才怪。参加活动既填补了时间的空白又可以交到朋友。与我相处最好的美国人都是在网球队

和剧团认识的。两个人之间的关系很大程度上是根据在一起相处的时间决定的。仅凭上课有限的交流是比较难建立起非常紧密的关系的。"同门为朋，同志为友"和有相同兴趣的人在一起度过大量的时间，结果一定会交到很好的朋友。

在与人交往时还有一个误区，就是有时我们会推开自己想要的。直到读完《麦田里的守望者》我才意识到这点。故事中的主人公一直想要与他人建立联系，却有意无意地拒人于千里之外。可能有些人的内心深处是很孤独的，不过由于心理学的归因作用而把自己贴上"特立独行"的标签，通过逃避必要的社交来缓解心里的压力。这种归因作用就是把自己的行为合理化的一个过程。当一个人与其他人的连接不足时，他就会用这些标签来麻痹自己。但说到底人还是一种群居动物，需要与他人交流。人的感觉很多时候是要胜过理性思考的，用真心对别人和仅仅为了利益与人交往之间的不同，另一方是一定能够感觉出来的。

国际生只身一人，远渡重洋已实属不易，如果再找不到归属感，那确实有点惨。

2015/1/21

台上与台下　成功与失败

——竞选学生会有感

　　三个年级、六百多个穿着不同颜色衣服、拥有不同发型的学生把整个体育馆的观众席填得满满的。面对黑压压的人群，我在想，人类是一个很神奇的物种，人生来不同，但总能被共性吸引。此时此刻，六百多个人在一起做着同一件事，那就是学生会竞选演说，这本身就已经是对人的群体性的一种解读。

　　一年前，我是台下那黑压压人群中的一员，因为整个看台被坐满，只能坐在体育馆的地板上。当时的我看着台上候选人个个西装笔挺，想尽奇招来争取更多人的选票，只可惜刚刚到学校一年的我根本就认不全那些人，更没想过一年后自己也会站到演讲台上。我在演讲结束时高举起手，感觉世界都沉寂了，时间仿佛就定格在那一刻。

　　第一轮投票，我与一个美国学生战胜了其余 5 人，成为学生会副主席的最终候选人。回想这一切都源于我当初的一个想法，"在全校师生面前演讲这件事听起来挺有意思、挺有挑战的"，我就去报了名，到了那里才发现今年的竞选人很多，30 个竞选人，却只有 4 个职位，President（主席）、Vice President（副主席）、Treasurer（财务主管）、Secretary（秘书）。学生会选举每年进行一次，候选人可以为 10 或 11 年级的全体学生。

　　选举过程：

　　1. 报名，拿到申请表，在申请表上需要从全校收集 100 个签名获得在学校演讲竞选的机会。（学校一共 800 人）；

　　2. 确认选举资格，包括 GPA 至少

要 2.5，没有违纪的记录；

3．在老师审阅过演讲稿后在全校面前演讲；

4．第一轮投票：每个职位选出两个候选人进入决赛；

5．最终投票：决定最后的人选。

报名后，候选人就可以制作自己的海报，不过在贴之前要先让老师过目审批。到了选举的那周，你就会发现学校的走廊里、楼梯转角，甚至厕所里都贴了关于候选人的各式各样的海报。有手绘的，也有打印好的，总之所有的候选人都会让自己的名字尽可能多地出现。美国选举学生会有一个潜规则，竞选其实就是一个 popularity contest，就是比谁更受欢迎。国内最看重的成绩在美国压根没人关心，即使你是全科满分，只要大家不喜欢你，该选不上还是选不上。相反如果一个候选人是学校运动队的队长，或是合唱团的领唱，抑或是剧团的主演，就会为选举大大加分。上届的学生会主席就是学校橄榄球队长。

因为今年候选人实在太多，所以每人只有一分钟的演讲时间。老师还特意嘱咐在演讲过程中不能穿或脱衣服。可能很多人不理解，演讲和穿、脱衣服有什么关系。因为三年前，一个男生在竞选演说时，讲到激动处突然把一件特制的夹克脱掉，全身只剩一条内裤，结果被老师架出去了。但最后因为人气实在太高，还是成功当选了学生会主席。至于不让在演讲过程中穿衣服指的是不要租服装把自己打扮得像卡通人物一样，给学生增加不必要的负担。

演讲结束后就是初选，全校进行自愿投票后，30 个候选人聚在一起听结果，老师一个职位一个职位地公布进入决赛的两名候选人。最终的结果公布了，没想到我的名字赫然在列，刚开始听到时还以为自己听错了，当时的心情很平静，只是离成功又近了一步。同时也有点担心，因为一旦进入最后一轮就没有竞选年级学生会的机会了。我本来打算是同时竞选全校的和年级的学生会，这样被选上的几率还大点。可是一旦进入决赛就只能一条路走下去了。我又快马加鞭地印了我在台上演讲时的 20 张海报，加上原来的 100 张海报，学校里到处都是我的海报和我要出书的消息。在演讲中我特意提到了我要出一本书，是关于我到美国后在这所学校的经历和感受，而且我要捐出 30% 的书款成立读书基金捐给贫困地区的孩子。

演讲后，很多我不认识的人都会在走廊里和我打招呼说："Andy，演讲得不错，书什么时候出呀？"两天后进行了最后一轮全校投票，投票前一天睡觉前我就不断地试图让自己冷静下来，虽然我隐隐感到我可能会输，但是我还是特别期望成功所带来的巨大成就。我的对手人缘特好，知名度非常高，而且还是美国人，他非常自信，海报数量少得可怜。最后果真不出所料，我在最后一轮投票中败北，虽然我事先已经有这样的心理准备，虽然在理智上我已经接受了这样的一个结果，不过情感上还是很失落。因为对一件事所投入的精力越多，所期望的回报就会越高，一旦失败所得到的打击就越大。这件事不足以让我伤心欲绝，但也需要时间让这件事渐渐从心中淡去。那天晚上，我突然感到莫名的无助，就与朋友和家人聊了四五个小时，而且一直是我在讲。连妈妈都说我有点喝醉话多的感觉。

几天后我冷静下来，老师告诉我，我是学校 1968 年建校以来第二个进入最后一轮投票的国际生，是第一批中国人。今年有 3 个国际生参选，2 个进入最后一轮，我的朋友成功当选 Treasurer，这是国际生首次进入学生会。我们都很为他骄傲，同时也为所有国际生高兴。

英语老师知道我落选后也对我说："你作为一个国际生，有勇气站在台上，就已经是最大的成功了。并且还进入到决赛，我很为你骄傲。"其实老师说的这些道理我都懂，但是这种心情低落就是参选的代价，为什么很多人不敢站出来，因为他们无法接受一旦失败所要承受的打击，这就是做这件事的成本。

这次竞选学生会让我想起了《杀死一只知更鸟》中的一句话："真正的勇敢是，在行动之前就知道要失败，但还是要行动，不管怎样，要进行到底。"

2015/5/16

拥抱世界　遇见更好的自己

　　最好的成长在路上，"宁在一思进，莫在一思停"。旅行、游学为我打开了了解世界的窗户，带我探寻未知的世界。多次出行，我看到了旖旎的风光，也看到国与国之间的文化差异。带着思考上路，从各个角度看世界，看人生，看历史，看伟大思想者的理想和抱负。阅历是一笔巨大的人生财富，每一次出发都意味着一次探究，一次改变。

迪拜之旅

　　尽管在国内我去过很多地方，但是我从来没有出过国，在今年的寒假，我的异国旅行梦想终于实现了。妈妈和爸爸带我去了一趟迪拜，6 天的行程给我留下了很深的印象，迪拜是一个集想象力、金钱与追求世界第一的信念所构成的地方。在迪拜我见到了七星级的帆船酒店，并在那儿吃了一顿自助餐，见到了八星级的酋长皇宫酒店，见到了世界上最高的建筑，进入了中东最大的清真寺，进入了世界上最大的人工岛，并在世界最大的购物中心里逛了将近 12 个小时，战果辉煌，买了两双在国内我喜欢的气垫鞋。尤其是在世界最大购物商城 Dubai Mall 的门口，只听见跑车的引擎轰轰作响，奥迪 R8、保时捷、法拉利、劳斯莱斯、宾利等各种世界顶级名车从入口鱼贯而入，许多摄影爱好者都拿出了照相机争先恐后地拍照。在面积有 50 个足球场大的商城的露台上，我们一家三口也来到这里休息，喝下午茶。只见身边的人肤色各异，尤其是当地的阿拉伯人，穿着黑袍和白袍，也都悠闲地品着咖啡，吃着奶酪蛋糕，我们也点了一份，感觉在这个环境优雅的地方，东西也变得非常美味。我们还见到了世界上最高的建筑——哈利法塔，它高达 828 米，使用了超过 6000 英里的钢梁，可以绕地球 1/4 圈。近处的摩天大楼与它相比一下子黯然失色，只见它反射出耀眼的光芒，银白色的塔尖直入云端，在塔的下面感觉自己非常渺小。塔前是

世界上最高的喷泉——Dubai Fountain，它的总长度为 275 米，最高可以喷到 150 米，相当于一栋 50 层楼的高度。但是它最吸引人的地方并不是它的高度，而是喷泉的喷洒动作，它像是在人们面前跳着优雅的舞蹈，伴随它的是数首阿拉伯以及世界各地的名歌。在如此缺水的国家，见到世界上最大的喷泉是多么不可思议啊。但迪拜人想到了并使之变成了现实，使我们不得不惊叹于迪拜人的想象力。

在迪拜最让我感兴趣的是在购物中心一楼的世界最大的鱼缸，它已经申请了吉尼斯世界纪录。来到鱼缸前面，我发现它居然一眼望不到边，高度足有商场的三层楼高。里边有将近 10 万条各种海洋生物，各种颜色的鱼游来游去，里面有钓鱼的地方，还有可以划船进去的地方，据说还有食人鱼，可惜不知道长什么样，看到也不认识。鱼缸的顶部安装了几万只金色的小灯，抬头一看，繁星点点，像绚丽的夜空。看着无数的海洋生物在里面自由地遨游，我又一次惊叹迪拜的发达科技与迪拜人的奢侈。

去迪拜是我第一次出国，我见到了在国内所没见到、没想到的东西。体会到了中外文化的差异，见识到了中东国家的异域风情和无数个世界第一的奇迹。学到了许多书本上没有的知识，我越来越喜欢旅行，去体验和平日不同的生活。

2011/1/30

"海洋神话号"游记

——追求细节完美的游轮精神

　　乘坐游轮是我一直以来的一个梦想，每当看到在蔚蓝的大海中有一艘游轮的图片时，我就心驰神往。今年的暑假，我的这个"游轮梦"终于实现了。

　　在天津港大厅办理了快捷的登船手续后，我们就走进了这艘 70000 吨级、长263 多米、周长 425 米、有 11 层甲板、载客 2076 人的豪华游轮。它拥有载客二百余人的电梯系统，容纳八百人的百老汇舞厅，容纳千余人的"开心剧院"，还有图书馆、室内外双游泳池、健身房、免税店、

咖啡厅、网吧、攀岩墙、酒廊、歌厅、赌场、迷你 18 洞高尔夫球场、按摩室、美容美发院、精品店、400 米跑道，以及 360 度视野的休息室。船上载着百万美元以上的艺术品，每一层楼都挂满艺术家的真迹画作和雕塑品，艺术气息无所不在。总之，在陆地上可享受的绝大多数设施，在这艘豪华游轮上都能找到。

　　除了在游轮上享受了 7 天不间断的自助餐和正宗的西餐的供应，除了参与无数从起床到睡觉永不停止的各项娱乐活动外，给我印象最深的是这艘游轮上的服务，对于每个细节追求完美的态度。

细节之一——检查了一遍又一遍的杯子

　　在上船的第一天，我想喝房间里的红茶，但杯子已经都用了，就去找服务员，另要两个杯子。用英语和那个外籍的服务员说了之后，他从消毒柜里取出了仅剩的两个杯子，但并没有马上给我，而是对着灯光看了又看，发现里面好像有一点灰尘，于是让我在原地等他，他去仓库中取了两个杯子，同样在灯光下左

看右看，确认很干净后，才套上杯罩，满意地交给了我。

这两个杯子包含的不仅是服务员的严谨认真的精神，更是一种勇于"追求细节完美"的精神。

细节之二——必须更换的游泳池水

在"梅花"台风刚过的第一天，风平浪静了，游轮上组织了一场"泳池障碍赛"。在即将开赛的时刻，突然服务人员在泳池上方拉上了网，禁止入内，并开始换水，有的中国人就问：为什么要在这个时候换水？那人回答："风暴刚过，泳池中水质变差，换水是为了游客的健康考虑。"

必须更换的泳池水不仅是对客人健康的考虑，更彰显出游轮工作人员高度负责的工作态度。

通过这次游轮的旅行，我不仅体验到了豪华游轮的各种设施，参与了游轮上丰富多彩的活动，品尝了世界各地的美食，更体会到了"敢于追求细节完美"的游轮精神。

"海洋神话号"，下次见！

2011/9/3

美国——why？

2012年我与父母游历了美国的东西海岸，在整个美国之行中，我一直在思考着这样几个问题：

为什么美国仅仅建立了二百多年，其在经济、政治、科技、军事、娱乐等诸多领域的巨大影响力均领衔全球？

为什么美国是目前世界上唯一的超级大国？

为什么自1870年以来美国国民经济就高居全球第一，当今的国内生产总值超过全球20%？

通过这次美国之行，我想我初步找到了答案。

一、制度

在17—18世纪，英国将犯人送到澳大利亚服刑，让私人船主接受委托承担运送犯人的任务。刚开始，英国政府按照上船的犯人数付给船主费用，可船主为了牟取暴利，克扣犯人的食物，甚至将犯人活活地扔下海，运输的途中犯人的死亡率高达94%。后来，英国政府改变了付费的方式，按照活着到达澳大利亚的犯人数付给私人船主费用。结果，私人船主想尽办法让犯人到达目的地，饿了给饭，渴了给水，大多还配了随船医生。最终，犯人的死亡率降到了1%。由此可见制度的重要性。而美国正是凭借三权分立的制度得以快速发展。

　　为了纪念《独立宣言》的主要撰写者杰弗逊而建造的、洁白的、以科林斯式石柱环绕的圆顶建筑——杰弗逊纪念堂典雅而纯洁。外围共有 54 根花岗岩石柱，每根长约 13 米，重 45 吨，给人一种沉静的感觉。杰斐逊栩栩如生的青铜全身塑像伫立其中，他的眼睛向白宫望去，监视着白宫的一举一动，象征着民众监督的政府权力。

　　我们认为以下真理是不言而喻的："人人生而平等，造物者赋予他们若干不可剥夺的权利，其中包括生命权、自由权和追求幸福的权利。为了保障这些权利，人们才在他们之间建立政府，而政府之正当权力，是经被统治者的同意而产生的。当任何形式的政府对这些目标具破坏作用时，人民便有权力改变或废除它，以建立一个新的政府；过去的一切经验也都说明，任何苦难，只要是尚能忍受，人类都宁愿容忍，而无意为了本身的权益便废除他们久已习惯了的政府。但是，当追逐同一目标的一连串滥用职权和强取豪夺发生，证明政府企图把人民置于专制统治之下时，那么人民就有权利，也有义务推翻这个政府，并为他们未来的安全建立新的保障。"（摘自《独立宣言》）

　　美国允许私人合法持有枪械，正是美国优越制度的表现。因为美国宪法的规定，被称为《独立宣言》的第二条明确规定了民众的持枪权。

　　因为，美国的宪法制定者知道一个脱离了民众监管的政府权力必然会膨胀。没有人能够保证政府永远会遵守它与民众的契约，一旦政府权力膨胀，民众的生活就得不到保障。《独立宣言》就是为了把政府的贪欲和权利关在牢笼中。保留民众持枪权利就是这个笼子上的最后一把锁，整个美国政府的权利全部由民众赋予。

二、对弱势群体的关怀

（一）在整个旅程中我发现：在任何一个停车场位置最好的车位既不是内部车位，也不是专用车位，而是残疾人车位。即使一个停车场没有其他空位，普通私家车也不会将车停到残疾人车位。这是由于《美国残疾人法》对于残疾人的保护。如果非残疾人士把汽车停在这里，不仅汽车会被交通管理部门的拖车拉走，当事人还会受到重罚。

学校有义务为残疾人提供完成学业所需的协助，对于肢体残障学生要有特殊的照顾，例如无障碍通行、交通工具、住宿起居等。

在美国，在所有公共场所都有残疾人专用的设施，美国对残疾人的关怀已经渗透到日常生活中的每一个角落。作为一个法治社会，美国政府正是通过严格实施法律，为残疾人铺平了学习、就业和生活的道路。

（二）在纽约这个世界化大都市中，有一片住宅背靠华尔街，面朝哈德逊河布鲁克林大桥，楼房的外观十分漂亮。但是这片楼群不是高档住宅，而是廉租房，是为了美国的低收入人群所兴建的，并且政府减免赋税以及水电费。

这些举措，使弱势群体以及低收入者不为生活发愁，使美国社会更加稳定。

三、人与自然和谐共处

躺在在夏威夷洁白的沙滩上，享受着太平洋的海风，椰子树上绿色的叶子随着海风轻轻地摇曳，海鸥在海面上自由飞翔……正准备下海游泳时，突然发现海滩上躺着一头海豹，旁边用黄色的警戒线和警示牌围了起来，周围有很多

人驻足拍照。开始时，我以为是海豹死了。但在看完了海豹旁边的警示牌才明白，这只海豹是在沙滩上晒太阳，禁止任何人靠近。海豹一会儿用前鳍拍拍自己的脸，一会儿摇摇尾，抖落身上的沙子。然后换个姿势继续闭目养神，全然无视周围的围观者，随着涨潮的海水冲刷着它光滑的皮肤，它会懒懒地向干燥的海滩上挪一挪，保持身体下沙子的干燥，享受这午后明媚的阳光。

从夏威夷希尔顿酒店前的码头出发，坐上"亚特兰蒂斯"号潜艇，慢慢地下潜，感受着全电动潜艇的平稳，我来到了 30 多米深的海底，通过厚达 8.3 厘米的钢化玻璃向外看去，五颜六色的鱼儿在人工珊瑚礁旁自由地游动，绿海龟在 19 世纪废弃船"迦太基"号的甲板上懒洋洋地躺着。蝴蝶鱼在废弃飞机的机翼周围翩翩起舞。虽然一百美金的船票价值不菲，但是比起几百万美金的潜艇还只是九牛一毛。潜艇公司将本可以获得几百万美金纯利润的废弃的船和飞机沉入水底为海洋生物提供生活基地，令我不得不对美国企业的社会责任感肃然起敬。

为什么这只海豹能够在沙滩上休息而不被打扰，保护他的不是警示牌，而

是健全的法律系统中对于动物的尊重。为什么亚特兰蒂斯公司会将本可以获得的利润全部捐献，让他这样做的不是法律，而是一种信仰，是美国人对于环境的保护的责任。

2012/8/31

太空针塔（Space Needle）——西雅图始于此

对西雅图和太空针的第一印象是从比尔盖茨的故事开始的："小盖茨小时候上的是公理会的教会学校，有一次，西雅图大学社区公理会教堂德高望重的牧师戴尔·泰勒，向盖茨所在的班级宣布：谁要是背诵出《马太福音》5—7章的全部内容，就会被他邀请去西雅图的'太空针'高塔餐厅参加免费聚餐会。'太空针'高153.3米，登上'太空针'高塔餐厅可以看到所有西雅图的头面人物，因此可以说，该餐厅是西雅图最高级、最体面的地方。不过，要获得与泰勒牧师在这家餐厅共进晚餐的机会绝非易事，因为'世上没有白吃的午餐'。在几十年的教书生涯中，戴尔·泰勒形成了一个惯例：每年都要求他的学生背诵这几个章节。说实话，这几个章节既长又松，连贯性不强，还很拗口。据牧师说，他至今还没有遇见一个学生能够一字不漏地完整地背下来。但是，盖茨却做到了……"

这个不知真假的小故事所提到的太空针被认为是西雅图的地标建筑，太空针也出现在微软 Windows 7 与 Windows 8 操作系统的桌面上。在太空针的官网上写着这样一句话："西雅图始于此！"太空针塔是为在西雅图举行的世博会而兴建于 1961 年，仅用了一年的时间即完工，可抗 9 级地震与强风，建成时为美国西海岸的最高建筑。但不过随着大西雅图地区的发展，越来越多的摩天大楼开始兴建，原来高耸入云的太空针也显得不那么高大了。坐上在若干年前的高速电梯，登顶太空针塔，西雅图的风光一览无余。不过整个参观的过程几乎可以用平淡无奇来形容，因为太空针还没有辽宁的彩电塔高，就更不要说迪拜的全球第一高楼了。但即使是这样，直到今天太空针依旧是西雅图的精神象征。

2012/9

北极光以南——北欧行记

从北京起飞，10个小时的飞行对我来说已经是见怪不怪。中国的大爷大妈们不时到过道里晃晃，伸伸胳膊，伸伸腿，动作和广场舞有几分相似。一打听，和我坐在同一排、其貌不扬的中国大妈比我去过的地方都多。飞机上的空姐年龄基本都到了奶奶的年龄，再不济也有妈妈的年龄。我看要不以后欧美航空公司的空姐直接叫"空妈"吧。不过她们服务很耐心，乘务员们还有一个专门的小隔间休息，在飞机上还发生了一件挺有趣的事。我在走廊里溜达时，看到了空姐端着一盘哈根达斯冰激凌。在昏昏欲睡的飞机上，来一盒冰激凌是多么享受的事呀。我就去翻飞机上的菜单，但是来来回回找了几次连冰激凌的影子都没有见到，便去后面问空姐冰激凌多少钱一盒。空姐就跟我解释说这些冰激凌是专供商务舱和头等舱的，如果我是一个三四岁的小孩就可以给我一个。说着，她还在自己的腰间比了一下，意思是这么高就可以，又问我多大了。

"17。"我回答说。

她说："那我看看吧。"我就回到了座位。结果没想到过了一会儿她就用餐巾纸包着一盒冰激凌给我送过来了，还对我说："你就是那个小孩吧？"同时又在腰间比了一下，我们俩都笑了，看来吃货是不分国界的。挪威，芬兰，丹麦，瑞典四个名字听起来都很冷的国家却在飞机上给了我这个吃货出人意料的温暖。

转机后到达瑞典的首都斯特哥尔摩已经是当地时间晚上11点，但是天还蒙蒙亮着。一下飞机，我动作娴熟地掏出了手机，连上了wifi。行李一件件地从传送带的出口跳出来，在转盘上转了一圈又一圈。但是我们

的行李却始终不见踪影。过了半个多小时，我们找到了北欧航空的服务台。他们给丢了行李的人发了一个应急包。里边有洗漱用品和"大洋马中的大洋马"——北欧人设计的一件超级肥大的睡衣。行李生死未卜，突然想起来可以在北欧上 Facebook，发了几张图片，也就暂时忘记了丢失行李的忧伤。到了酒店，天还没有完全黑，北欧国家延伸进北极圈以内的土地，每年都有长达100多天的极昼和极夜。斯德哥尔摩夏季直到午夜12点也不是完全的黑暗，每天早上3点，太阳就又一次造访大地。每家每户都装备了厚厚的遮光布窗帘，来保证晚上睡个好觉。瑞典人的酒店里只配备了尺寸刚刚能够挡住窗户的遮光布，不知道该说是瑞典人的节约的美德还是小家子气。

北欧是世界上最富裕、幸福指数最高的地区之一。"瑞典政府于1950至70年代开始建设超好的福利国家制度。政府开支占GDP的比例飙升至超过50%。到了70年代中期，边际税率竟达到令人难以置信的102%，也就是说你收入每增加1元，就要多交1.02元的税。"（引自搜狐评论）免费医疗，完全意义上的免费上学（纸笔都可以向老师要），任何一个课后兴趣班是每月两个汉堡的价格，随便学。人均每月收入达到3万元人民币。从某种程度上来说，北欧已经实现了"社会主义"。每个公司每年约定俗成地都会多发给员工两个月的工资。其实北欧的福利也是我们丢行李的原因之一。每年七八月全民分两批放假，各个公司都没有足够的人手，又正巧赶上旅游旺季。医院轻症病人回家，大夫护士放假。狱警放假，犯了小偷小摸的罪犯也被放回家度假。放假期间政府给全国人民发标准工资的80%，连拿社会低保的人都可以向政府申请每年国内旅行一次，三年出国旅行一次，政府承担所有的费用。

在酒店，拉上窗帘，关灯，睡觉。就这样，迷迷糊糊地进入了梦乡。

第二天一早，标准的欧陆早餐，冰牛奶，冰果汁，各种面包奶酪。

大巴车开到了曾经举办过第 15 届奥运会的赫尔辛基奥林匹克公园，60 年前的体育场早已封闭，但是我们惊奇地发现在体育馆旁有一大片绿油油的草地上画出了 6 块迷你足球场。四五岁的小孩子们正在专业裁判的指导下进行比赛。小家伙们一脸严肃，一声哨响，你拼我抢。整齐的队服，闪亮的球鞋，居然还有队旗。家长们都在看台上给自己的孩子加油……

第二天，第三天……

时间一点一点地溜走。

赫尔辛基岩石教堂，一听名字就是"高大上"的建筑。但是如果没有进进出出，来去匆匆的游人，游客是很难从外观分辨出这是一个教堂的。赫尔辛基大教堂其实是用了一枚炸弹在城中心崩出来的。教堂内部保持了原本的花岗岩，给整个教堂平添了一份回归自然的感觉。教堂上的圆顶是由无数细小的铜丝拼接在一起，形成了一个巨大的铜制穹顶，如同一件艺术品。

一天的行程结束，回到酒店，骑上酒店从不上锁的自行车，在湖边徜徉。已经是晚上 10 点，天色大亮，湖光静好。之后再去游游泳，蒸蒸芬兰的高温桑拿，好不快哉。蒸桑拿时遇到一个来度假的芬兰人，我们就聊了起来。他告诉我说真正的芬兰桑拿要用白桦树枝去烤火，烤完了还要用树枝猛抽自己的后背，据说有促进血液循环的作用。再从 80 度高温的桑拿房里跳到已经结冰的湖水中。在芬兰，无论男女老少都泡桑拿。北欧人的生活其实很简单，没有纷繁的娱乐设施，酒和桑拿是他们生活中重要的组成部分。

在北欧另一件让人觉得不可思议的事情是，"保护女权"这个概念在北欧已经没有任何实质的意义了，因为北欧女性的社会地位远高于男性。国家不得不立法规定议会中的男

女比例来保证男性的权利。家暴在北欧的定义是：老婆打老公。只要老婆报警，不管谁被打，老公就会被抓到警察局里关一夜，第二天早上再放出来。北欧的男性普遍内向，腼腆，一般不会和陌生人主动搭话，但是如果你要他帮忙，他是很愿意帮你的。

如果你去问一个北欧人："你是维京人吗？"他们会很自豪地告诉你："I am Viking！""维京"这个词语包含着两重意思：旅行和掠夺。当他们第一次在英国百姓面前出现，就是以海盗的身份抢劫掠夺。

中世纪时周边各国对维京人闻风丧胆。"瓦萨"，一艘在16世纪建造的古战船就是当时瑞典国力的象征。但刚刚踏入瓦萨沉船博物馆时我就惊呆了。这艘在几百年前建造的船竟然被完整地打捞出来并复原。这是我第一次在陆地上看到如此之大的船。"瓦萨"是一艘共有5层甲板的军舰，其规模之宏大好像一艘现代登陆舰，上面有64门大炮。第一斜桅下蹲着一具巨大的金狮塑像，船尾龙骨有6层楼那么高，分50多层，700多件精心雕刻的雕塑品，其精美程度简直可以和瑞典皇家宫殿媲美，这使"瓦萨"号成为瑞典的国宝。瑞典国王古斯塔夫二世于1625年开始建造。这艘战船本来是单层炮舰，可是，国王得知当时瑞典的海上强敌丹麦已拥有双层炮舰，便不顾当时本国的技术条件，

下令把炮舰改造为双层。1628年8月10日，斯德哥尔摩海湾风和日丽，一艘旌旗招展、威武壮观的大型战舰"瓦萨"，在岸上人群的一片欢呼声中，扬帆起航。不料刚行驶数百米，一阵强风吹来，"瓦萨"号战舰摇晃了几下，竟立即连人带船沉入30多米深的海底。

这艘船沉没的原因是后加的20门大炮破坏了整体结构，头重脚轻，最终沉入了海底。古斯塔夫二世将此船视为国耻，禁止打捞。直到3个世纪

后的 1959 年，沉船的打捞才开始。打捞、修复沉船工作前后持续了近 20 年，瑞典的专家、工人拼尽全力将从水中捞出的万余件船体附属部件和 700 余件雕塑，组装回到船上原来的位置，其难度可想而知。之后，又是经过数年船身加固等艰苦工作，沉船修复工作才告结束。时至今日，"瓦萨"号再一次成为瑞典的国宝。

国宝到国耻，国耻再到国宝，一艘 17 世纪的战船多舛的命运也象征着瑞典王国的兴衰与欧洲文明的历程。一块讲述"瓦萨"号的历史的牌子上写了这样一句话："阳光，水，空气是一切生命的源泉，也摧毁着一切生命。"

"那些滋养我们的力量最终也将摧毁我们。"我想在后面加上这样一句话。

不知不觉间已经到了旅行的最后一天。

在挪威的首都闲逛，不知不觉间走到了挪威国家艺术馆，好多穿着白色制服的保安在门口闲谈，一打听，原来参观艺术馆是免费的。工作人员给了我们 3 张票并问我们是从哪里来的就让我们进去了。墙上的高雅艺术一幅也看不懂。不过我也不是为了这些我看不懂的画而来，而是听说蒙克最有名的《呐喊》真迹就保存在这家博物馆。

在经过了一间铺有红色地毯的房间时感觉这个房间不同寻常。门口立着禁止照相的标志，屋里的人异常多，还有 2 名警卫在巡视。

果不其然，墙上用玻璃罩罩着的《呐喊》正接受着来自世界各国人民的观摩。还记得小学美术课上，老师用了整整一节课的时间来分析这幅画，在挪威与这幅画的真迹相见，真有一种他乡遇故知的感觉。

　　逛完了博物馆，纪念品店里的一本书让我瞬间笑了出来。这本书是一个艺术家用《呐喊》里张着大嘴的那个人和各种名画进行组合，又是恶搞，又是调侃。其中最有意思的一幅画是把法国艺术家杜尚的作品《泉》当成了呐喊里那个人的嘴。杜尚的"泉"其实就是一个未经任何加工的小便池，是达达主义的代表作。把这样两幅艺术作品放在一起不由得感叹编者的想象力和创意。

　　回城了，

　　回家了，

　　9天时间很快就过去了，

　　随着飞机引擎的轰鸣声，

　　我知道，

　　我又该倒时差了。

2014/7/19

坚守梦想　静等风来

　　理想不是靠豪言壮语就能实现的，更不是带着几分励志情怀就能够让内心独立。真正可以实现的理想，需要的是勇气、方向、坚持和充分的准备。到美国留学不仅仅是对学习成绩、英语能力的考验，同时也是对一名学生全面素质的检验。两次"联模"经历，"BSE 商学院课程"，"青少年未来领袖演说家"等课程的学习让我更加明白，只有使自身变得更强，才能在多元化的竞争中脱颖而出。

BSE 商学院学习归来

　　平均每天凌晨一点半睡觉，早上7点钟要参加1500米跑步和20分钟游泳，每天体力和脑力消耗巨大，这就是实践家商学院教会我的第一件事———坚持。在八天的课程中我了解了整个商业系统的运营模式，包括如何把握趋势从而找到商机，公司的商业模式是什么，PM表，DISC性格分析系统，如何用网络推广公司，国际餐桌礼仪，如何挑选正装。

　　然而商学院不仅仅为我建立起了商业系统的概念，更让我找到了进步的方向，在上课之前我一直很害怕当众讲话，但在这八天的课程中我努力锻炼自己，虽然在面对200多人时还是会有些紧张，但是至少我已经具备了敢于走上台的勇气。我的兴趣广泛但都研究得不够深入，有很多技能但无专长，每种兴趣爱好仅仅是学会了，但都不够精通。我的性格一直是"大行不顾细谨"的。"基本的生活技能是一个人成功的关键，有些事表面上看起来枯燥乏味，但是只要用心去做能力就会在不知不觉间得到提升。我对生活的细节还不够严谨，所以创造了八天丢两部手机的"奇迹"。在课上老师让我们用积木分别表示销售、金钱、系统、赊账、产品，其中如何表示金钱令我们百思不得其解。原来我们一直忽略了金钱的这个重要元素，金钱是劳动所得。

　　至于商业方面我学到的最重要有三点。首先是把握趋势。把握趋势其实就是如何找到商机，一个创意的价值有可能会比商业模式更重要。比如现代人的生活压力越来越大，回归自然的生活方式越来越被人们所推崇。这就是如何把握趋势的一个最简单的例子。其次则是商业模式。其决定了一家公司能够走多远。打个比方来说，一家企业就像一艘船，而企业家负责制定商业模式，可以理解为建造船本身，把公司员工比作战士，管理方法比作后勤。试想，一艘航空母舰上的人员和后勤都很一般，他们的敌人是用手划桨的特种部队，航母会赢吗？答案显而易见。最后则是找到卖点。所谓卖点其实就是客户购买你产品的原因，一种产品不一定每个方面都做到最好，只有一个或者几个独特的卖点已经够了，"只为一少部分人提供服务"。举例来说，如果一种药的疗效是：排毒养颜，治发烧感冒，抗病毒，疏通血管，提高免疫力，改善睡眠。你会购买这种药品吗？一个好的产品就如同做人，不需要面面俱到，只需要在一个方面做到最好就够了。

请记住：你永远无法取悦所有人。

2012/7/31

青少年未来领袖演说家课程学习感受

沟通是一门艺术，是人与人之间交流的桥梁。在之前的 BSE 课程中我虽然已经拥有了走上台的勇气，但是能力还不足以完成一场流利的讲演，在今天的课程中我学会了如何站在台上镇定自若地面对近百人发表公众演讲。

今天第一次发言时，我站在台上手脚还在不停地发抖，一心想尽快结束演讲。通过一天的训练，我已经能在毕业典礼时流畅地发表自己的观点。练习讲演最重要的是有超越自己和战胜自己的决心和勇气。

在我看来，演讲成功的秘

诀是让听众对你有一个深刻的印象。演讲比赛的胜利者不是词汇最优美的，却是给大家留下最深印象的。在讲演中最重要的不是"讲"而是"演"，要用丰富的肢体语言来与观众进行更好的互动。研究表明，一名讲演者的演讲是否成功，用词内容仅仅占 7%，而肢体语言占 55%，剩下的 38% 来自语音语调。由此可见，一个人的肢体语言是演讲成功的关键。

在今天的课程中，我在领导力方面也有了一定进步。我主动请缨，毛遂自荐地成为组长。这是我第一次感受的负责任的压力和快乐。在当组员时仅仅需要"服从命令听指挥"，做到这一点就是一个好组员。但是一个组长必须要能够考虑全面和长远，带动小组内所有人并且成为标杆和表率，随时要为小组尽全力地付出。

2012/8/8

DISC 性格分析系统在西游记里的应用

唐僧师徒四人历经九九八十一难终于到达西天取回真经。功德圆满的四个人也终于修得正果，得道升天成佛。那么是什么原因使他们能够克服一路上的艰难险阻，从而获得最后的成功呢？很多人都会认为是由于孙悟空的本领高强。其实不然，他们能够最后修得正果不仅仅是因为孙悟空的个人能力，更是因为在西行取经的团队中师徒四人能够各司其职，互相配合和补充才完成了西行取经的壮举。在这个假期中，我在重温《西游记》的过程中联想到了我假期在美国 BSE 企业家商学院所学到的 DISC 性格分析系统。

DISC 性格分析系统最早的开发目的是为了服务于美国军方，DISC 能够分析每个人的特点和长处，协助选出团队的理想成员，并且隔离可能发生个人冲突的区域，从而使得美军战斗力大大提高。自20世纪70年代末期开始，由于DISC性格分析系统的显著效果，许多商业机构开始使用DISC性格分析系统来选拔员工、组合团队。

DISC性格分析系统将人定义成4种类型：

唐僧在取经初期，是一个慈悲为怀的出家人，是不折不扣的"S"类型的人。但是为了完成西行取经的重任，他不得不对自己的性格类型做出调整和改变，由懦弱迂腐，胆小怕事，动不动就掉眼泪的"C"转化成为语言简洁有力具有权威感的"D"。唐僧目标坚定，由最开始关注人，变得越来越关注事。他能够为实现目标不惜一切代价。在"三打白骨精"这一回中，由于唐僧的独断才把孙悟空赶回了花果山，从而导致自己被妖怪捉走。这就是典型的"D"类型的人。

孙悟空在取经前是一个桀骜不驯，既喜欢耍权威又藐视权威"D"型人。但在加入取经团队后他的角色和任务发生了变化，为了取得真经他不得不强迫自己更细心谨慎，更具怀疑精神。由原来的随心所欲"D"型性格转换为具备专业精神的"C"型性格。

猪八戒是师徒四人中最具有喜剧色彩的人物，他的充沛的感情和影响力是他的"I"型特质的体现，他在团队中扮演润滑剂的角色，是出色的"社交者"和"演说家"。从始至终性格特质都没有发生改变。

沙僧是整个团队中最忠心耿耿的，他逆来顺受，害怕与别人发生冲突，有人曾统计过沙僧在西游记中说过最多的九句话：

1. 大师兄，师傅被妖怪抓走了；

2. 二师兄，师傅被妖怪抓走了；

3. 大师兄，二师兄被妖怪抓走了；

4. 大师兄，师傅和二师兄都被妖怪抓走了；

5. 师傅放心吧，大师兄会来救我们的；

6. 师傅，大师兄说的对；

7. 大师兄，二师兄说的对；

8. 二师兄，大师兄说的对；

9. 师傅，不能赶大师兄走啊。

其中不无娱乐的成分在其中，但足以见得，沙僧是一个典型的"S"性格特征的人，他的个性谦虚温和，有持之以恒的耐力和毅力，希望稳定和有条理的工作，在整个西天取经的过程中任劳任怨。

由此，我可以总结出，单纯地关注人或者关注事都会有不可避免的缺陷，一个团队如果只关注人，那么规则和制度就不可能被很好地执行。同理，如果一个团队只关注事，那么团队成员之间就会产生隔阂。一个团队只有多元化的存在，才能互相配合达成共同的目标，就像西天取经一样。试想，如果师徒四人全部是孙悟空，那么团队中就会因为抢出风头而闹得不可开交。如果全部是唐僧，那么四位唐僧会制定出很多套解决方案，但无异于纸上谈兵。最后取得真经的几率就会大大减小。只有团队成员间互相配合，了解彼此的性格特质才能取得最后的成功。

2012/8/17

我人生的第一桶金

美国有这样一句格言："人生最重要的是第一桶金。"没想到在我 16 岁时就赚得了人生中的第一桶金，成功为班级拉来了 1630 元的赞助。

在我有拉赞助这个想法之后，就对照着网上的 PPT 教程，从如何起草活动计划书开始，一步步地学习，直到如何进行谈判。也许是由于计划书写得很清晰明了，谈判过程出乎意料地流畅。去拉赞助这个想法也仅仅是偶然间产生的，在当时任何人包括我自己都认为这是一件成功概率非常低的事，但是最后成功了，就像当年我进入二中一样。在初中入学时几乎是一件不可想象的事。第一天我与同学出去拉赞助时，我们事先选定的目标是一家很有名气的教育机构，但是到了以后发现负责人不在，我们就留下了一份计划书请咨询人员转交给校长。这时我的同学建议我们再去几家公司，我们又抱着试试看的态度把计划书交给了第二家公司的前台，当我们从那家公司出来时脚踏着吱吱响的楼梯，我心想这种地方怎么会有钱来赞助我们的活动。

在整个过程中，我收获最大的就是要敢于尝试，我们赢在敢于尝试，却也差点因为这点而功亏一篑。第二天，我们又去了一趟第一家机构教育，却没有任何结果。本来我是要返回学校的，这时我的同学建议我们再去一趟第二家教育机构，我觉得一个连传单都没发过的公司怎么会赞助。我带着半信半疑的态度和她一起去了。一进门，校长就叫我们坐下。我当时还是觉得这件事没什么把握。直到签订合同时，才真正相信。手握着校长给我们的 1630 元赞助费，觉得这几天的努力没有白费。心中窃喜，但是表面上还按照 PPT 教程中的谈判技巧故作镇定。结果那天中午兴奋得连午饭都没有吃。

从小学时卖报纸，初中到发廊体验生活，再到如今的为班级拉赞助，一路走来经历了很多，也感受了很多。逐渐褪去了过去的拘谨和羞涩，几次出国旅行使我的视野更加开阔，BSE 商学院的课程也是我这次拉赞助的灵感来源之一……

这一路上，感谢我的家人，同学和朋友，感谢你们伴我同行。

2012/12/21

附：

一份价值 1628 元的班活动计划书

——沈阳二中《诚实礼貌好习惯》班级宣传活动计划书

主办单位：沈阳二中团委学生会

承办单位：1519 班，1522 班，1523 班，1524 班

协办单位：团联其他各单位

一、前言

12 月份沈阳二中学生会将举办以"诚实礼貌好习惯"为主题的集体活动。作为青春的代言人，二中学生洋溢着年轻的活力、充满着激情，对新奇的大型活动必定会踊跃参与，全程投入。这类的活动必能让赞助的商家达到想要的最佳宣传效果。

况且本次活动是高一年级进入高中以来第一次全校参加的班活动，也是本学年的重头戏，因此学生会及各班学生都高度重视，并给予大力的支持和配合。

二、市场分析（投资沈阳二中活动的优势）

1. 同电视、报刊传媒相比，在学校宣传有良好的性价比，可用最少的资金做到最好的宣传。

2. 学校消费地域集中，针对性强，产品品牌容易深入人心。其中二中学生是沈阳市优秀青少年的代表，若是商家能在活动中进行宣传，效果可想而知。

3. 本次活动将有超过 2000 人了解，并至少超 300 人能直接参与活动，会在二中广为流传。

三、活动计划

活动时间：十二月二十四日（周一）12:00—1:10

活动地点：100 米跑道终点

预计参加人数：300人

活动目的："诚实、礼貌、好习惯"这些都是当代中学生应该具备的良好品质，沈阳二中作为一所社会广泛认可的名牌学校更应该将这些优良传统发扬下去。因此，沈阳二中学生会特举办以"诚实、礼貌、好习惯"为主题的班活动来宣传这种良好品质。

四、宣传计划

1. 在各班发放宣传单（高一高二共48个班级，每班发放10张）。

2. 在学校宣传栏内张贴宣传海报。

3. 宣传小组将会在活动前到各班进行宣传。

五、活动流程

1. 开场舞《我最红》。

2. 同学在领取到宣传单（以心理测试形式）后，根据测试结果在宣传板上对应的区域签名。

3. 在同一区域签名的同学两人组成一组。

4. 一组同学共同回答关于国际礼仪的问题，根据答案是否正确抽取奖品。

六、商家赞助计划

1. 本次活动送到每个班的6个小组的活动宣传单（2个年级 ×24个班 ×6个小组及班级宣传栏＝480份）以及活动现场的活动宣传单，双面页脚页眉处全部留给商家印制logo。

2. 同学获得的奖品全部由商家提供的广告袋装。

3. 每个同学在参加活动时领取到的问题卡全部印制商家logo。

七、活动反馈

1. 在活动后向赞助单位提供活动照片（20张左右）及解说。

2.在活动后向赞助单位提供同学感言（共10份，每份400字以上）。

八、预算部分（赞助单位提供也可）

1.宣传单，共48个班，每班10张，480张，活动现场600张。每张预计0.5元，共需540元。（如赞助商能够提供也可）

2.海报，一张，30元。

3.音响，音响租借300元。

4.活动的基本设施（展板1张，用来供学生签名，装饰气球等），约300元。

5.购买奖品：

一等奖：大熊2个，共70元；

二等奖：小型毛绒玩具5个，共90元；

三等奖：手机底座10个，共70元；

四等奖：毛绒挂件50个，共54元。

参与奖：若干

奖品总计：330元

6.印刷需要：该活动中印有"好习惯坏习惯"的纸条（活动需要），50元。

7.其他费用（签字笔，卡纸等），50元。

总计：1628元

联系人：15届22班王雨涵

2012/12/21

认识决定行为，在学习中成长

在这个假期中，我参加了 Money & you 第 396 期课程与全赢人生 2013 暑期课程。在暑假上完 BSE 商学院后，这两个课程的强度使我倍感轻松，同时我也学到了很多。这两个课程分别从西方与国学的角度进行展开，但在很多方面却又有异曲同工之妙、殊途同归之感。

修正与自省

1969 年 7 月 16 日，巨大的"土星 5 号"火箭载着"阿波罗 11 号"飞船从美国肯尼迪角发射场点火升空，开始了人类首次登月的太空征程。但是在这次登月过程中，飞船只有 3% 的时间是正对月球飞行的，而 97% 的时间是在不断地修正。行百里者半九十，很多人都是在距离成功只有一步之遥时放弃，而不是去做修正。失败不是成功之母，只有不断地修正与自省才是成功之母。同时，反观全赢人生课程，自省体现了中国价值体系中的最核心的元素——儒家五常"仁义礼智信"中的"智"元素。自信与自负的唯一差别就是自省，只有自信者能够全然接受自己的缺点，能够自省，并不断修正，才能最终获取成功。

忙！盲！茫！

爱因斯坦带过两个学生，其中有一个学生天天在看书。爱因斯坦早晨来的时候，发现这个学生就在看书；晚上来的时候，发现这个学生又在看书。爱因斯坦就问他："你早晨看书吗？"

学生回答："是的，先生，我早晨在看书。"

爱因斯坦接着问："那么你中午也在看书吗？"回答是中午也在看书。

爱因斯坦又问："那你晚上也在看书啊？"

这个学生心想老师是不是要夸奖我了，就赶紧说："我晚上也在看书。"

没想到，爱因斯坦这样问："那你什么时候在思考？"

忙！盲！茫！这成为现代社会人们的通病，很多人都在忙碌中消耗着自己的生命。殊不知，"忙"在大多数人眼里看来是有很多事要做，其实同样也是一种逃避自我的方式，目光浅显不能够为自己的未来负责，只知道一味地给自己心理安慰。《大学》中说："知止而后有定，定而后能静，静而后能安，安而后能虑，虑而后能得。""知止"是一切的基础。

真正的富足——非工资收入

在监狱，你大部分的时间都被限制在两平米大的范围里；上班时，你大部分的时间都坐在不到一平米的桌边。

在监狱，你虽然不领薪水，但是不愁穿；上班时，老板付你薪水，但总是不够你支出。

在监狱，每天供应三餐，而且是免费的；上班时，你每天可以在公司吃一餐，但饭钱还得从薪水中扣。

在监狱，如果表现良好你可以假释；上班时，如果工作绩效良好，老板会给你更多挑战性的工作。

在监狱，你可以看电视，玩游戏；上班时，你看电视，玩游戏会被老板炒鱿鱼。

在监狱，你的家人、朋友可以去探望你；上班时，老板不会希望你打电话给家人或与朋友聊天，家人和朋友也不能来拜访你。

在监狱，你不怎么需要工作（可能需要参加劳动改造），纳税人会缴钱养你；上班时，你得付税，税收一部分还属于监狱。

在监狱有狱长；上班时有老板。

股神沃伦·巴菲特说："没有计划，不要上班。"

那些月薪年薪几百万几千万的人总是让人羡慕，但是那不是一种真正的富足，因为那不是一种持续创造财富的系统。光靠上班领薪水，只会让人日渐消沉，绝对无法使人致富。工资是由老板决定的，并且一旦你不做这份工作就不会有任何收入。所以真正地想实现财务自由（工资外收入大于总支出）需要依靠工资外收入。如果没有明确的目标，单单只为了一份薪水而就业，那么，这份工资是不可能让人致富的，你永远只能是一个挣扎在贫困边缘的"穷人"而已。即使是具有高超的技能，也只能做一个不太穷的穷人而已。创立连锁店、版税、房地产、投资分红这些都是使非工资收入增加的途径。

Money & you 第 396 期课程与全赢人生 2013 课程让我以中西结合的全新的视角去重新认识这个世界。认识决定行为，这个假期我在学习中成长。

2013/2/12

给心灵放个假
——记青少年 Money & You 445 期义工经历

归国前夕，我躺在寄宿家庭的躺椅上一边填写着义工申请表，一边在问自己为什么要去 Money & You 做义工。很多时候就是这样，当不带任何目的地去做一件事时，却会得到出乎意料的结果。

上传申请视频，行前线上会议，一切都顺理成章。

课程开始前一天中午，高铁准时到达大连站，一股潮湿的空气扑面而来，上次来到大连还是在 8 年前。我不敢停留，直奔酒店，却未曾料到 20 分钟都没有叫到出租车，看着距离义工报到的时间越来越近，我迫不得已地坐上了公交车，向酒店的方向一点点地"晃"去。我不断地用导航来确定自己的位置，生怕自己坐过站。就在只剩两站时，公交车突然偏离了预定的路线，向另一个方向驶去。我看着导航上表示我位置的蓝色三角离酒店越来越远，一下子有点不知所措。身边的好心的大爷告诉我是公交路线变了。我急忙下车，这时一辆出租车奇迹般地出现在我眼前，把我送到了酒店。当我到达酒店时只剩 5 分钟义工的培训就开始了，我带着行李和已经没电的手机，直奔课室。坐在位子上时我长出了一口气，还好没迟到。

"我是小迪"，我自我介绍着。所有义工围成一个圆圈相互勾着手。在 Money & You 课程中，所有义工都会给自己取一个花名，我的英文名是 Andy，花名就索性叫小迪吧。"毛毛虫""娘子""相公"这些有趣的花名在自我介绍时都会引来一阵笑声。自我介绍完毕后就开始分配工作。义工的工作分为两部分。首先是常规工作，每位义工都会被分到游戏组，文件组，课室组，海报组，麦克风组，守门员，生活大使中的其中一组。另一项工作则是在游戏环节中根据游戏的不同来扮演不同的角色，包括引导游戏、新生集结、造势、活跃现场气氛，有时甚至还会根据课程的需要来干扰新生使他们难以做出正确的判断。最后，我选择了课室组，主要工作就是摆桌子和椅子。在 3 天的 Money & You 课程中，由于活动的环节很多，桌子和椅子经常会改变位置或者撤掉。每次搬桌子和椅子都会出一身汗。

"桌子中线朝向讲台中心，椅子后沿和桌子后沿对齐，桌巾与桌子的横梁对齐，椅子靠背紧贴桌边……"这些都是 Money & You 40 年积累下来的标准。我也感受到了义工服务的严谨。

在这 3 天中，我感到最惊喜的是像我这样一个手脚不太协调的人居然带着全场一起跳舞。在最后的毕业游戏庆祝时大家一起跳舞，我在试听街舞课时学会的几个动作可能在别人眼里看来还是挺高级的吧。之后我又用我在模拟联合国社交活动上学到的踢腿舞带着大家排成一列，双腿交替跳着向前走。因为这个动作十分简单，几乎所有的人都参加进来。我站在队首，高举双手，双腿交替向前，带着所有人一起大声地喊着："左！右！左！右！"所有的人都跟在我的后面。绕场三周，这一刻真的感觉自己的能量与热情一下子得到了百分百的释放。

Money & You 义工经历像是一次心灵旅行。在生活中，我们都在不断地打磨自己。但周围的环境与自己的固有习惯使自己缺少一个展示最真实的自我的机会。在 Money & You 课室中，我们都被给予了一个和平常的生活完全不同的环境。旅行是给自己的身体放个假，而 Money & You 的义工经历是给自己的心灵放个假。Money & You 课程在改变人外在环境的同时，也改变了我们的固有习惯。在这个环境中，我们不惧怕错误，我们敢于展示自己最真实的一面，而不被以往的条条框框所束缚。这种心灵上的自由是义工服务的幸福感的源泉。

从第一天义工培训踏入课室的那一刻起，时间仿佛都凝固了，3 天的高强度的义工服务已经成为我生命中不能割舍的一段回忆。每个人都在努力地去做一个更好的自己，3 天的义工服务也是一个自我确认的过程，一个自我改变的过程。神情恍惚中，我仿佛看到了那个一年前还是一名新生的自己。一年前，带着对于进入新环境的不适感我来到了 Money & You 课室。在那次 3 天课程中我总是感到不能完全放开，给自身带来的改变也有限。但是，这次的 Money & You 义工经历使我从另一个角度重新审视 Money & You 课程。当作为一名课堂中的示范者时，会比新生更能放得开，更积极地投入到课程中。虽然坐下来听课的时间很少，但是义工们本身已经成为 Money & You 课程的一部分，对课程本身的设置也恍然大悟。

"不养儿不知父母恩"，直到成为一名义工，才知道课程背后义工团队的付出。这种付出不仅仅是体力上的，而是勇于承担风险和责任的精神。在 Money & You 义工的工作手册上有这样一句话："当一个人是出自于爱，且对这个工作有高度热诚而到这里协助时，他们便会把自己'打开'。也就是说，他们的感受可能会提升也可能被伤害。"换句话说，我们有可能因为帮倒忙，而感觉失落。因为"往事并不如烟"，时间不会抚平我们过去的伤口，只会掩盖这个伤口。但是那段负面的记忆一直都会存在，直到我们"珍惜应该珍惜的，感谢应该感谢的，原谅应该原谅的，放下应该放下的"。这段负面的回忆才会在破坏更多美好回忆之前被我们拔除。

刚成为一名新生时，可能是由于体验、经历的不够，我对于课程中的很多概念只能做到用逻辑思维去理解，而不是用心去认知。觉得讲师说得很有道理，但还是缺少一个改变的理由。在这 3 天的 Money & You 义工温故知新的过程中，最打动我的是这样一句话："许多人用生命的大部分时间赚钱，却忘了去规划一个值得拥有的生命。"现代社会的三粒毒药：消费主义、性自由和成功学使太多的人迷失了自己。在这个物欲横流的时代，财富成为衡量一个人成就的重要标尺。很多人迷失了自我，把对于金钱的追求放在首位，而丧失了感受幸福的能力。殊不知人生真正的财富是拥有多少幸福的回忆，而不是不断地放纵自己的欲望。世界是多元化的，我们不应该用同一把标尺来衡量一个人是否成功。记得有这样一个比喻："自己认为成功是一杯可乐，别人认为成功是一根吸管。"很多人一生都在追求着那一根吸管，而忽视了自己应得的那一份代表幸福的可乐。

3 天的 Money & You 义工服务很快就结束了，我们享受着自我确认与自我肯定的快乐。我觉得"世上本无事，庸人自扰之"，每个人都应该是完美的，只是由于接受了不同的引导而选择了不同的路。引导没有对错，只有适合不适合。只有勇于做自己，才不会被纷乱的时代所裹挟。就像《源泉》里的主人公洛克一样，敢于对这个世界说不，成了一代美国人的偶像与个人主义的象征。这里所说的勇于做自己不是固执己见，而是在尊重个体差异性的同时，按照自己想法生活。

能够掌舵自己的生命，这何尝不是一种幸福？

2014/8/5

父母的肩膀　孩子的翅膀

我想，爱是本能，从孩子呱呱坠地的那一刻起。哲学家罗素说过："A good life is one inspired by love and guided by knowledge."是的，幸福的人生是被爱激励，由知识来引导的。如何去爱，却是另外一个命题。让孩子按照既定的道路活成家长心中的模样；还是放手一搏，让他活出自己的人生？面对选择每个人心中都有过这样或那样的困惑。我们选择后者。我们愿做孩子的一个助手和一双翅膀，让他以自己的方式活出一个精彩的人生，助力他朝着更高更远的前方翱翔，为他鼓掌，为他喝彩。

磨炼也是一种爱

　　8月8日刚从十八滩漂流回来，一家人都累得要命，身上晒得通红，真是不想动了。今天是今年夏天最热的一天，空调开得大大的，太阳晒得花园里的花都低下了头，院子里也没了往日的喧闹。我告诉儿子出去把10份《时尚生活导报》卖了，儿子高兴地抱着报纸跑了出去。他妈妈对我说："这么热的天别让他去了，等晚上凉快了再说吧。"我坚决地说："锻炼的就是这大热天。"过了大约40分钟，我刚好要出去买点东西，开车正好经过儿子卖报纸的地方，我怕他看见就在马路对面把车停下。他穿了黄上衣，红短裤，站在那里格外显眼，他不停地向路过的人兜售着报纸，但很少有人问津。一个个路人从他身边过去，没人停下来看他的报纸，这热天哪有人有心情去买报纸啊。看着他那无奈的步伐，我真希望多来几个人快点买走他的报纸，让他少流点汗，少点失望，少点……就这样看了他将近20分钟，突然有点热的东西从眼里涌出，我立刻发动车子飞快地离开。"如果我今天不努力，他明天就要卖报纸；今天他要不卖报纸，明天他就会卖一辈子报纸。"两个多小时过去了，我回来时正好从他身边经过，就停下来问他还有多少没卖。他告诉我还有4份，并向我要了一瓶水，一口气喝掉。我问他怎么不买瓶水，他说舍不得，一份报纸赚3毛钱，两个小时才赚了1.8元钱。看到儿子满脸的汗水，湿透的前胸和兴奋的样子，我从心里涌出一丝丝欣喜，因为他能，他愿意去做同龄人不愿做的事，不抱怨，不退缩，不断地坚持。我知道怎么才能卖得快，但开始不能告诉他，现在是时候了，我提示他去周边的商铺里卖。他立刻会意地笑了，转身跑了。20分钟后儿子回来了，告诉我剩下的4份报纸全部卖掉了。他总结了为什么前两个小时只卖了6份而后20分钟却卖了4份，分析了买他报纸人的不同想法。他分析得确实到位，也达到了我想要的结果。

　　隔了一周我又让他去卖了10份报纸，不用问很快就卖光了，因为他掌握了技巧，所以那一定是轻松的。

　　要想让孩子未来能轻松地面对生活和困难，那就要让孩子现在去做困难的事，做他不喜欢的事，在困难中培养他的能力和智慧，做家长的给孩子的不是金钱，而是一个健康的人格，一颗爱人、向上的心，一个乐观的心态，帮他树立一个远大的目标，在逆境中不退缩的坚强品质。

如果我们爱我们的孩子就让他们按照他们自己的方式活出一个美丽精彩的人生，让他们的生命更有意义，而不是成为实现家长理想的工具。

Andy 爸爸

2009/09/06

父亲给儿子的一封信

亲爱的儿子你好：

这是我第一次给你写信，心里很激动，我已经十几年没有写信给别人了，提起笔还真不知道从哪儿说起，那就说说你的过去吧。1997 年的 6 月是近十几年里最热的一个月份，就是在这样一个火热的月份，你妈妈平生第一次做手术生下了你。你知道妈妈是一个很柔弱、很胆小的女人，我很佩服她能有勇气坚持做剖腹手术，现在我懂了，那是因为她不仅是女人，更因为她是母亲。也许你现在不懂，但将来你一定会懂得的。我也高兴地亲手迎接了属于我的一个新生命——我的儿子。从那时起，你就成了家里所有人关注的焦点，那时候你很顽皮，每天都是两个人看着你，你大大的眼睛充满了智慧和灵性（不过你现在眼睛可不大了啊）。你就是我们家里的开心果，也是大家愉悦的精神寄托，那时候你最爱看的就是大吊车和打桩机，最爱玩的就是沙子，我以为你长大要当建筑工人呢。你在家里和幼儿园里都很乖，很少和小朋友打闹，更没听你说过脏话，我一直感到很高兴，因为你从小就在一个积极向上的环境里成长。上学后你的成绩不是最优秀的，但你的宽厚、大度赢得了老师和同学们的信任和支持，你很快乐，很充实。你的学习成绩不是最优秀的，可能是因为我不主张你补更多的课，一有时间，我就会领你去参加讲座，上街卖报纸，学习理财，参加慈善拍卖，旅游，打高尔夫球、篮球、羽毛球，给你推荐几本好书，搞同学聚会，总想让你的生活能更加丰富多彩。你做到了，而且做得很好，我真的很高兴，因为你不是一个只知道学习的书呆子，不过你的文化课学习还要努力，特别是英语啊。

现在你已经是初中生了，有了自己的思想和判断，面对老师、同学、家长和纷繁复杂的社会和网络，你要知道什么是对的，什么是你应该做的，我们都是你的参谋和助手，帮你选择，助你成长。13岁是一个人生活的起步，你要选择你的未来，选择你想要的生活，选择一个对社会有贡献，对自己有快乐感的事业去做。但任何事情都不可能一帆风顺，会遇到坎坷和挫折，但你要坚信要想成功，面对选择去走困难的路，那你就会比别人更快地成功，坚强与坚持是成功的前提。我相信你，儿子，你一定能做到，因为你是我们的骄傲，我们永远支持你。努力吧，孩子，美好的生活正在你面前展开。

你的父亲和所有爱你的人

2010/2/5

旅行让孩子改变观念

Dubai—Do buy——这是迪拜最具特点的城市广告，也是一个让女人爱上他的名字。对于男人来说逛街无疑是一种负担，在迪拜，我和儿子刷新了我俩人生中在同一商场里的逛街记录——11小时33分半。

　　早上不到9点半，我们一家三口就打车来到了目前世界最大的购物中心——Dubai Mall。从外观看，它并没有什么特别之处，虽然它有50个足球场那么大，也许是因为与世界最高楼比邻的原因，并没有给人震撼的感觉。但你一进大门，超高屋顶上巨大的变换色彩的顶灯，宽敞的通道，装潢精美的店面，国际一线品牌的广告让你的视觉有种被迷幻的感觉，一下子身心陷入了琳琅满目的商品世界。各种打折的广告冲击着你的感官，七折、五折、三折……让你对平时仰慕已久的商品的占有欲得到最大的释放。难得赶上迪拜的购物节，这让我想起了在英国的圣诞节，赶上打折日，英国人会早早地排队，商店的门一开就潮水般地涌入店内，"掠夺"着各种商品。好在这里足够大，商品足够多，足够富有的人不会轻易地疯狂。

　　临近中午，在回廊处有卖意大利冰激凌的，儿子要吃，让我去给他买。我笑着对他说："想吃啊，好，拿钱，自己去买。"他怯怯地说："我说不好，你给我买吧。"我告诉他："没关系，你是外国人，你是小孩，他们不会笑话你的，勇敢点，没问题。"也许是我的鼓励，也许是冰激凌的诱惑，儿子笑嘻嘻地跑过去，说了半天，开始用手比画，还不时回头看着我们笑。我竖起大拇指鼓励他，店里的服务员，一边跟儿子说着什么，一边望着我们微笑。终于儿子拿着三个球的冰激凌满意地回来了，看来是额外赠送了一个球。儿子也兴奋地告诉我："挺有意思啊，他问我要什么口味，我听懂了，但是我不会说，我就比画，他还教我每个口味怎么说。最后还问我从哪里来，说我英语很好，多送了我一个球，哈哈。"我马上接过话题："我说的对吧，老外很佩服你英语的水平，但你的单词量和听力是不是还要提高啊？"儿子说："爸，你说得真对。"我说："你的听力、口语不行，以后到国外想吃点东西都费劲啊，你看怎么办啊？"儿子说："我回去后每天睡觉前都得练练听力了。"就这样解决了一个儿子的大问题，回国后儿子每天睡觉前都听英语磁带，养成了一个好的学习习惯。也许就是这样一个场景改变了孩子对英语的认识，让孩子认识到英语是人与人交流的工具，不仅仅是考试科目。

　　我们来到二楼露天咖啡吧里，正午的阳光透过宽大的白色阳伞，隐隐地照在褐色的木桌上，周围二十多桌肤色各异的人们望着碧绿的池水中倒映着828

米的迪拜塔，谈笑着，欣赏着，楼下是摄影爱好者和观景的人流，偶尔传来孩子们的欢笑声，几个当地的年轻黑袍女人在我们邻桌不时发出清脆的笑声，黑袍永远阻挡不了人的快乐活泼的天性。我们三人聊着几天的感受，城市的感受、购物的感受、说英语的感受、旅行的感受……启发孩子的思路，让他明白旅行的目的是为让他见得更多，思考得更多，未来的选择更多，能够站得更高、看得更远，让他树立一个远大的目标，让他懂得生活不仅仅要奋勇拼搏，有时也要静下来欣赏一下周围的美景，欣赏生活的绚烂，同时也等待自己的灵魂。一点整，雄壮的音乐打破了这里的安静，随着音乐骤起的喷泉，变换着各种舞姿，展现着他的雄伟与壮观。

离开咖啡吧，我们冲向下一个区域，现在我和儿子已经不再是陪同，也成为购物的主角，儿子的语言表现欲望都被极大地调动起来，主动与服务员交流，什么选颜色啊，挑号码啊，俨然是个小翻译。累了，我们就在室内滑冰场看看孩子们的冰上嬉戏，欣赏一下人工瀑布前的舞蹈表演，或者去水族馆看一下各色鱼儿，总之在这里你不会寂寞烦躁。夜幕降临，商城里的装饰星空发出迷人的光芒，此时购物的人流开始加大，就连LV的柜台都人满为患，真的该走了，腿软了，手里也拿不下了，也许明天还能再来，但今天的确该走了。出租车到楼下的时间是晚上九点零三分，北京时间2011年1月24日一点零三分。逛街最长的时间记录就此诞生。但最有收获的是孩子对英语的认识有了一个飞跃性的改变。

Andy 爸爸

2011/1/30

让每个当下都有意义

前些日子妻子的姥爷过世了，终年 91 岁，我也是第一次亲眼得见什么是无疾而终，老人家生前从来都是笑容可掬，不挑剔任何人，也不去抱怨任何事，没见过他老人家动气，同儿孙、同邻里都是一样。我想老人家的长寿和善终也正基于此。91 岁在大家的眼中是长寿的年龄，对于我们 40 多岁的人来讲，生命的一半都已经过去，我们在羡慕长寿的同时也扪心自问，我们终将老去，我们会给这个世界，给儿女留下什么呢？我们自己的一生过得是否快乐，是否是自己想要的人生呢？

可能大多数人会以地位、财富、荣誉等来标注自己的生命的质量，把生命数字化，去争取绝对的或是相对的平衡与满足。为了这些放弃自己的尊严、良心和亲情，挣扎于名利之中。老人家生前就是个普通的工人，不认识几个字，永远过着平淡的日子，他没有奢望，他知道自己的生命应该如何，他不去攀比同龄的领导和富翁，永远过着自己的生活，因为他明确这就是他的生命，他的生活，他喜欢这样的日子。

现在越来越多的人，特别是年轻人崇尚个性，崇尚与众不同，不去评论他的范围及方向的对与错，至少尊重个性的发展，尊重自我的风气正在形成。作为家长要理解孩子，引导孩子，尊重孩子，给孩子一个他想要的空间，不能再重复我们的老路，没有人生目标，没有自己的追求，靠家长、靠老师、靠领导规划及安排自己的人生，失去了自我，即便是灿烂的，那也是别人思想体现的结果，而不是自己的。

再有 4 年儿子也将考大学，走入社会，正像台湾教育家姜佑义所讲：孩子不是我们的，是社会的，只不过我们有幸陪伴他们而已。4 年很短，我能给予他的应该是一种积极的生活态度，良好地与人合作的精神，帮他建立起自己的人生目标和信念，让他有自己的快乐人生。

金钱可以储存，而时间不能，你怎样花时间，决定了你一生的生活质量。

活在今天，活在当下，不要把当下借给明天。让每个当下都有意义。

Andy 爸爸

2011/06/06

家长之困

儿子读了八年的书，开了十六次家长会，每每和妻子交流关于孩子的学习、补课之类的话题，我们似乎总有话题讨论，这课到底该不该补，这高价的补课费该不该花？每次都是没个结果，她总在说，你看看其他的孩子每天都在干什么，我们的孩子这课补得就算少的了。这次参加了儿子的初中二年级的一次家长会后，我理解了妻子。几个老师轮番宣讲，除去分数就是考试，要不就是名次，一下就把你带到那个紧张的氛围中，一年以后孩子就要考高中了，要是上不了好高中，怎么能上好大学，今后……突然间给家长平添了巨大的压力。我似乎感到了做家长的欠缺，对他的关心不够，给他的压力还不足，但这是真的么？关注分数，关注升学率是老师的工作和责任，支持孩子，帮助孩子，提供尽可能的关爱，让他们能上个好学校，也是让家长安心。可这巨大的压力，无休止的补习和作业，对孩子们来讲，那又是什么呢？

所幸孩子的班主任白鹤祥老师是个既能客观面对现实，又能尊重孩子未来选择的开明老师，是孩子的幸运，也是家长，特别是像我这样家长的幸运。培养孩子乐观向上的心态，学会感恩，直面挫折，敢于梦想，培养孩子的良好沟通能力和理财能力，正确认识自己，培养自信心。这些都是孩子在这期间最应该树立起的东西，谢谢老师给予孩子这些宝贵的东西。

开完家长会，我有点胆怯了，原计划的旅游还去吗？其他孩子可都在补课啊！想来想去，我仍然坚持我的想法：带上书，带上头脑，带上孩子一起去旅行，坐上游轮去看辽阔的大海……

Andy 爸爸

2011/7/30

十六岁——儿子初中毕业了

儿子分两天把在学校的书拿回来，整整摆了一桌子，拍个照留作纪念。看了儿子初中三年学过的书，写过的作业，真的佩服孩子的毅力。中考那天，把孩子送到考场外，看着他自信的背影，心里一下子踏实了许多，信任是彼此的。中考结束，在学校的毕业典礼上，儿子代表全体毕业生升国旗，满足了儿子从上幼儿园就有的愿望。看见儿子在阳光下，在鲜红的国旗下帅气的面庞，修长的身材，感觉他一下子就长大了。学校门前的横额"花开时节与君别，功成名就报师恩"更让人体味到成长是快乐的，也是痛苦的。随着中考的结束，孩子们也完成了他人生的第一个学习阶段。整理书架、写临别赠言、同学们聚会……让我想起了 31 年前初中毕业的我，不知什么是谢师，也不知怎样与同学分别，一下子就散去了，很多同学此一分别就是 31 年，也不知道他们现在如何。我们一下子走上了不同的路，又迎来了下一个开始。高中毕业我们又散去，又有多少同学此一别就再无联系。大学毕业了终于走上了社会，也开始了人生的就业、成家、抚养子女，孝敬老人，又有一些人从毕业到现在 20 年不见了。说说自己的感受给儿子听，告诉儿子要珍惜自己的童年，珍惜曾经和你在一起的玩伴，他们不可能陪你走你所走的路，但他们都是你生命中难得的贵人，他们不可能与你走相同的路，每一条路的选择都由你们自己决定，你们是无数条射线，每个人走哪一条，有多少成就由你这条射线决定，而不是其他人的线，几年、十几年后，你们天涯海角，各自一方，也许永不相交。但要记住你们曾经同窗过，有过让你一生难忘的记忆，请珍惜你们的友谊，不要凭学习成绩的高与低来判断一个人的未来，正如哈佛大学校长对全校的老师们所讲："请善待学习成绩优秀的学生，他们将来会成为你的同事或助理，也请你们善待学习成绩差的学生，因为未来他们有可能为我们学校捐一个图书馆或运动场，我拜托大家。"多么意味深长，让人细细品味的一段精彩演讲。

仔细想想，我还可以背出近50个小学、初中同学的名字，我们在一起的童年趣事，可能他们忘记了，但我还记得。不论贫穷与富贵，不论怎样，我们曾经同学过。

初中毕业的孩子就要成为大人了，他们该有自己的目标与方向，自己的生活，就像自然界的动物一样要离开父母，去建立自己的家庭与王国，这是自然法则，而我们人类往往逆法则而动，把孩子视为自己的私产，永远护在羽翼下，永远自己给孩子捕食、喂食，最后最多只能是把他们变成自己的复制品，而不是我们人生杰出的作品。要想让他们成为自己的杰出作品，必须要下狠心，在你的手中千锤万凿，"大卫""思想者"等所有传世之作都是这样诞生的。

如果我们有能力，就让孩子多见识一下这个世界，告诉他们世界无限大，世界无限好；如果我们有远见，就让他更多地接触比我们自己更优秀的人，让孩子们站得更高，看得更远；如果我们有信心，就让自己做得更好，学得更多，为孩子树立起榜样。如果我们已没有能力，那就给孩子一个自由选择生活的权利。

BSE商学院归来，儿子的表达能力和主动上场发言的能力有明显提高，从机场回来的路上给我讲自己的体会和进步，也分析了自己的不足，儿子的四句话让我感到这次的投资回报达到了我的预期。

1. 以前我感到迷茫，因为我没有人生目标，到目前我不知道我这辈子想干啥，这个假期我把这个问题想明白了，我就比学什么都有收获。我要知道我想干什么了，我就往这方面努力，其他的都不重要。

2. 我的特长不够突出，因为我没有专注于它，把它做好。

3. 我未来的竞争对手中有钱的不可怕，有能力的也不可怕，最可怕的是既有钱又有能力的比我还努力。

4.做一切事情都要为目标服务，在做重大决定时要以人生目标为指导。

Andy 爸爸

2012/8/2

妈妈给儿子的信

亲爱的儿子：

从小到大我从来没有给你写过一封信，现在感谢"全赢人生"的课程，终于有了这样一个机会。我面对着信纸，真是千言万语不知从何说起了，我拿出了从你出生以来给你记的日记，大概有一百多篇，一页一页地翻开来，仿佛你又在我身边重新长大了一遍……你第一次笑出声来，第一次认识妈妈，第一次会翻身，第一次会吃手、吃自己的脚丫，第一次生病，每一阶段的身高、体重，包括上学以来的学习成绩，做过所有好玩的事以及犯的错误，所有的一切全被我记录了下来，我真庆幸自己能把这项浩大的工程坚持下来，不然好多事随着时间的推移，我都会忘记了，而我是一个多么贪心的妈妈，真希望能记住你成长的一切，一点一滴，一笑一颦。看着日记，我真觉得你小时候太可爱了，大概所有的父母都会认为自己的孩子是最可爱的吧。我会在你上大学的时候，把日记本送给你。父母只会陪你走一段，你大段的人生还是需要你自己完成，无论你的路走得如何，你都需要对自己的人生负责。

其实回想起来，你还真是一个比较乖的孩子，非常孝顺，非常讲道理，为人很阳光，用你自己的话讲：综合素质比较高。尽管学习让我操了好多心，但是你现在自己知道主动学习了，我就觉得你真长大了，知道为自己的人生规划了，我始终坚信，你会是一个非常优秀的孩子，长大了会是一个非常优秀的人。我最高兴的是你永远有一个良好的心态，只要有你在的地方，就会听到你爽朗的笑声，尽管你现在有点青春期逆反，也还是很阳光，很听话。我还记得你小时候，永远和我第一好。有一次你不听话我打了你一顿，你居然一边哭，一边爬过来，抱着我说："妈妈，你打我我也和你好。"当时我心里很后悔，发誓永远也不打你了。反过来，你对妈妈也好极了，每年我过生日的时候都给我买生日礼物，知道我喜欢芭比娃娃，已经连续送我三个了。平时高兴的时候，或有事求我的时候，小嘴就像抹蜜一样甜，哄我开心，说得我心花怒放，觉得当妈的感觉真好，尤其能当你的妈妈，平时的付出与辛苦都太值得了。

现在看着你一天一天地长大，一天一天地懂事，我真是又高兴又有些不舍，你会逐渐挣脱我的保护，去更高、更远的天空飞翔，但是儿子，你不会永远一帆风顺，当你遇到挫折的时候，不要一个人默默地承受，父母永远是你的港湾，高兴或悲伤我们都会永远和你站在一起。

祝你有个开心的人生，美好的未来。

Andy 妈妈
2010/2/5

妈妈给儿子的第二封信

我最最亲爱的大宝儿子涵涵：

昨天我无意在电脑上看见了两年前的录像，是你在过春节时给姥爷磕头拜年的一段，给我逗得哈哈大笑，真的感慨你的变化太大了，仿佛一转眼你就由一个满地乱跑，爬上爬下，天真无邪，圆乎乎的小胖孩儿，变成了现在身高将近一米七，体重120多斤的小伙子，我们都觉得你现在很帅了，你更会形容自己，"主要胜在气质"。你天天和我们朝夕相伴，都没觉得你有什么大的变化，但是一看两年前的录像，就觉得你真的长大了，再也不是以前那个小屁孩了。现在已经进入青春期，是半个成人了，我也逐渐把你当成大人看待了，有些事情都会征求你的意见，有些话在说之前会考虑你的感受，因为我和你爸爸都希望你生活在一个氛围和谐，轻松愉悦的家庭，我们也尽量给你创造一个开心的环境，让你觉得你真的很幸运，生活在我们家里，给我们当儿子。如果有下辈子，我希望我们三个人还是一家人，幸福地生活在一起。我们会让你更开心地度过你的幼年、童年、青年，然后自己去寻找你的幸福。在人生的路上，我们只能陪你走前一段，剩下的路需要你自己去探索，但是我们也不担心，因为我们已把你需要掌握的技能都教给你了，有时还特意狠心给你安排一些障碍，磨炼一下你的意志，也许我们的良苦用心你还体会不深，但是当你有了孩子的时候，你就会理解父母的良苦用心了。说实话我有时候对你吃点苦还不忍心，总觉得你还小，但你爸爸每次都很坚定地去锻炼你，尤其你是男孩，让你多经历一些风雨才能见到彩虹。

现在我真的很欣慰，你已经长成了一个大小伙子，走路的时候，我都需要抬头才能看见你，你也经常搂着我的脖子走，我觉得有个这样的大儿子很骄傲。你姥姥都说，这孩子现在真好，一点都不惹他妈生气了，一家三口其乐融融的。尤其是你的学习成绩，取得了很大的进步，这都是你自己努力的结果。说实话，在你刚上初一的时候成绩不好，我心里很着急，看着你每天压力巨大，不开心的样子，我表面上安慰你别急，给你加油打气，其实心里比你还急，甚至很后悔当初让你进入最好的班级。现在可以告诉你这个秘密了，你曾经问了我们好几次，在小学没考进100名，怎么初中会进快班呢，我们骗你说你综合素质高，其实就是为了能给你提供一个良好的学习环境，有一个好的老师，做父母的都希望竭尽所能把最好的东西都给孩子，所以出此下策。当看到你基础不如别人，成绩不好的时候，真不知自己做得对还是错。成绩是一方面，主要是怕你觉得成绩不好，低人一头，每天过得很压抑。但令我们骄傲的是你没有辜负我们的期望，你通过努力，调整心态，终于赶上了，让我们看到了你的实力，每天很开心，很充实。虽然我们不是很看重你的成绩，只要你尽力了就行，但是如果你有一个良好的成绩，你会更自信，更开心，这才是我们所关心的问题。现在我们真的很放心，因为你真的很懂事，很优秀，接触你的人都很喜欢你，都夸你是个好孩子，作为父母，我们就太欣慰了。虽然有些事情我们可以全力帮助你，但是有些事情是任何人也帮不了你的，需要你自己去打拼。相信你有这个实力去争取自己想要的一切。妈妈希望你能一直维持目前良好的状态和心态。

Andy 妈妈

2010/8/4

周日的早餐

每到周日就是我们一家三口最放松的日子，因为儿子没有补课，可以稍微睡个懒觉，一般七点多儿子醒了，就迷迷糊糊地从他的小屋跑到我们大屋的床上，和我们再躺一会儿，再腻一会儿，或是再闹一会儿。等到我们都睡意全无的时候，儿子往往是第一个从床上爬起来，负责做早餐。因为他比较心急，就只好"自力更生"了。一会儿厨房就飘来了烤面包片的香味，等我们醒来时，餐桌上已经摆好了四个盘子，当然有两份是属于他的。每个盘子里都放了一个由两片面包片、中间夹了一个鸡蛋，一片培根肉，一片奶酪，还有几片生菜的大汉堡。最夸张的是儿子居然还把音响搬到了厨房，放上了他学笛子需要欣赏的名曲，在悠扬的乐曲中周日的早餐正式开始了。老公说这样的场景好像在电视里常见啊。一家人围坐在餐桌前，吃着西式的早餐，餐桌上摆着果盘，烛台。我逗他就差边吃饭边看报纸，身后站着管家了。提到报纸，我问儿子这样一个问题："为什么以前主人的报纸都是用人给提前熨一下？"儿子想了好几个答案也没答对，居然说怕报纸凉。后来我告诉他答案：怕油墨未干粘到手上。并告诉儿子其实也没有什么实际意义，就是一种生活品质的象征吧。

生活有很多种，选择你喜欢的一种，只要自己快乐就好。喝着现榨的豆浆，发现放入的几个大枣有一些没有打碎，反而黄豆打得很碎，给儿子出的问题立即又来了。儿子想了想还是没有回答上来，让他学习的机会又来了。我告诉他是因为黄豆太坚硬，碰到也无比坚硬的打磨刀片就很容易给打碎，而大枣因为很柔软，碰到刀片就很容易打到旁边，所有没有打碎。老公又接着告诉儿子，做人也一样，不要太坚硬，不要太固执，否则很容易被伤害，如果能很随和，有一种宽容的心态，就会看这个世界很美好，就会有一个快乐的人生。儿子很认真地点了点头。

无比温馨、和谐、美味的早餐让儿子明白了两件事情，也许在未来的人生道路上他会想起这顿早餐，想起这其中的道理，想起曾经年少、陪在父母身边快乐短暂的时光。

Andy 妈妈

2011/06/07

考试之后的快乐时光

儿子初二的期末考试已经结束三天了，和考试之前比家里就像换了个孩子一样。这学期可能是儿子上学以来最刻苦的一段时光，一个原因是他真的长大了，知道学习是为了自己，另外我已经不再像他小时候那样，每天看着他学习，告诉他学习就是他自己的事情，学得好坏不重要，重要是有一个正确态度，知道认真学就够了。还有一个原因，上学期儿子考试成绩超水平地发挥，全班第三，全年级第 30 名。

　　为了鼓励他，也为了让他维持稳定的学习成绩，他爸爸答应如果这学期他考全年级前 50 名就给他换新电脑。这学期用他自己的话说"玩命地学了一学期"。结果他可能是真的进入了学习状态，每天都详细地制订计划，按部就班地学习，劲头很足，有时学累了和我们一起看会儿电视，就 10 多分钟，马上就说"进屋再学一通"，有时都十点多了，以为他要睡觉呢，结果他又走入书房，"再学一通"。之前原本是计划在假期带他去澳大利亚玩玩，儿子也坚决地表示不去了，要补课。我们都说不差那几天，他也没动摇。结果我们的旅游计划也搁浅了，只好等明年他初三毕业再说吧。他明显对学习上心了，别的事情就不感兴趣了，因为一个人的精力有限。有时放学回家，也很少和我们闲聊，脸上也没有什么表情，偶尔高兴了还亲我一下，要不就让我亲他一下。吃完饭，吹一会儿笛子，就开始学习，我们出去遛弯，有时让儿子和我们走一圈，儿子也几乎不去，我们都说这孩子学傻了，学呆了，可能这个时候的男孩，学习压力大又赶上青春期，回家都是这种状态吧。我真的很怕从小那个活泼可爱的儿子长大了，疏远了。结果考完试当天，儿子仿佛从冷冻的状态回到了常温，整个晚上都跟在我身后，说个不停，给我讲他看的电影，从头讲到尾，还说了看完之后的感受，尤其讲了不只一遍，建议我也去看。我就想起他小时候最喜欢玩的口袋怪兽游戏，揪住我就给我讲，不听都不行。第二天又和同学玩了一整天，吃了回转寿司，和加拿大回来的同学又去聚会，吃了一顿必胜客。打了电玩，找院里的小孩一起去游泳，自己去剪头，自己去新华购书中心买回假期要用的书，在下大雨的时候打着伞出去感受，把平时紧张的情绪都放松下来，生活立即变得丰富多彩起来，人也生动起来，又找回以前的影子了。几天后，考试成绩公布下来，他考了全班第 12 名，全年级第 69 名，尽管没达到预定的目标，我们也准备把电脑的事兑现了，因为成绩不重要，主要是儿子对学习的态度。儿子听后兴奋至极，整个晚上都说会睡不着觉，还说我鼓动他爸爸买电脑有功，要用他的零花钱请我连吃一个星期的圣代。哈哈，家里的气氛一下子活跃起来，晚上我们三个人在卧室的床上聊够了，儿子才回屋去睡。我记得他跟我说了一段话，让我觉得这孩子还是很有思想的，不用太操心了。他跟我说："妈妈，你知道我这学期为什么没有考得特别理想吗？"我摇摇头。儿子想了半天，说：
"给你讲个故事你就懂了。有一个人，别人问他，'你早晨的时候在做什么'，
他说在工作；'你中午的时候在做什么'，他说在工作；'那你晚上的时候在
做什么'，他说他依然在工作。'那你什么时间思考呢？'"看来儿子已经仔
细想过这个问题，悟出了一些道理。随后他又告诉我，以前他学习是拼时间，
下学期初三了，必须拼方法，时间拼不起了。哈，连方法自己都想明白了，我
还有什么不放心的呢？

Andy 妈妈

2011/07/15

儿子赚的第一桶金

儿子上高一时，有一天放学回家，兴奋地告诉我他去学校附近的补习班拉
来了 1630 元的赞助费，这回班级搞活动同学们可以不交班费了，还能给班级
赚点经费。看着才 16 岁的儿子，通过自己的努力赚了他人生的第一桶金，真
的很欣慰，对于他的这种经商意识，对于他未来可以养活自己的能力，对于他
肯动脑筋去完成自己的目标，我由衷地高兴。

儿子自从进入沈阳二中以来，先是毛遂自荐当上了团组织委员，明显对班
级的各项活动投入了更多精力，当主持人，给大家照相，做活动的材料，并乐
此不疲。不但团活动积极参加，后来连班级的活动也积极参与，和班长一起去
参加班委会，后来觉得有些活动组织得不好，就亲自参与策划，逐一去考察了
别的班活动的组织情况，偷学了很多经验。这回学校让他们四个班联合办一个
"诚实，守信，懂礼貌"的主题班会，儿子憋足了劲要好好办一下，拉着四个

班的班长开了好几次会，晚上回家在群里、电话里也不停地研究。后来儿子提议：要不我们拉点赞助吧，给班级省点钱。大家觉得这个建议很有挑战，好玩又可以锻炼一下自己，最后一致通过。儿子把目标锁定在学校对面的培训学校，上网下载了相关的活动方案、双方签的合同书，甚至连公章的格式都下载盖上，做得像模像样，又查了谈判的技巧，把参与谈判的人数定为两人，如果有第三个人都不能讲话，只能记录。一切准备就绪，第二天的中午就带了另一个班的班长，带着学生证去学校附近的培训学校，因负责人不在就约定第二天中午接着去。中午一放学，他们立即直奔培训学校。校长和蔼地请他俩坐，儿子一看有门，就把活动的情况详细介绍了一下，并答应把补课班的广告打印到宣传单的背面，并告之这种宣传方式的好处，可以直接递到同学们的手里，阅读率会提高，而不会出现在学校门口接到传单直接进垃圾桶的情况。后期也可以把他们的 logo 直接贴到纪念品上，或是用他们的宣传袋装纪念品。校长很高兴，只提出了这次活动需要他们独家赞助这一个要求，也许是看孩子们很有勇气要鼓励一下，另外他们所需的费用不高，也许效果很好，校长就当场同意了。儿子把事先准备好的合同书拿出，双方签字，给了 1630 元现金。儿子欣喜若狂，并答应等宣传单印出之后，送上样本，并把这次活动的情况反馈给校长，以后有机会双方还会合作。这么轻易谈成了赞助，儿子兴奋得忘了吃午饭，一下午都没觉得饿。晚上回家，又忙了好久活动的准备工作，结果当天的作业都没有完成，也许第二天会受到老师的批评，这就是得失的代价吧。

　　整个活动结束后，儿子把活动的照片、录像等相关的资料送到培训学校，并以调查问卷的形式让校长对双方的合作进行了评价和反馈意见。这件事情结束后，我写了一篇日志放在了空间上，儿子的班主任老师给我留言："我最开始对他的想法也是有点怀疑，结果真成了，我和其他老师说的时候，感觉自己都老自豪了！"

Andy 妈妈

2012/12/19

目 送

　　"我慢慢地、慢慢地意识到，所谓父女母子一场，只不过意味着，你和他的缘分就是今生今世不断地在目送他的背影渐行渐远。你站立在小路的这一端，看着他逐渐消失在小路转弯的地方，而且，他用背影默默告诉你：不必追。"龙应台的这段话真切地道出父母对于家有儿女远离的那种无奈、不舍、悲哀。只不过我和儿子的每次别离都是发生在海关的窗口，16岁的儿子在2013年前往美国西雅图就读高中，从此我们一家三口就分隔万里，我们夫妻俩就变成了标准的空巢老人。回忆这将近两年的时光，真是五味杂陈。不过如果给我重新选择的机会，我还是会支持儿子出国留学。如果让儿子重新选择，我相信他的答案也会和我相同。儿子在美国的成长、进步，多少可以安慰我们的那种想念，弥补天各一方的遗憾，就是这种不完美贯穿了整个时光，丰富了彼此的人生。

　　直到现在我还觉得儿子高二就出国留学的决定不在我们的计划中，完全是机缘巧合，就因为高二他们学校要求学生住校，而儿子把这个消息通知我的时候，我们夫妻俩正在和专门做出国留学中介的两个朋友一起吃饭，他们俩帮我分析，觉得此时出国留学也许是个最好的选择，反正原计划准备出国去读大学，只是早了两年的时间。但决定权在儿子，儿子经过了一天认真的考虑，果断决定：出国留学。接下来就不再去学校上课了，每天开始补习英语，认真的劲头比上学的时候有过之无不及。同时在国内朋友和美国那边朋友的帮助下，40天的时间就办理完全部手续。很快，儿子飞往了一个遥远的国度，开始了异国他乡的高中生活。

　　为了让自己放心，为了让家里的老人放心，我们决定亲自送他过去，这是我们三人第二次来美国，和第一次来旅游的心态就截然不同了。我们一起去了学校报到，参观了学校的各项设施，看到肤色各异的孩子们，似乎儿子的身边色彩绚烂了起来。一切手续办完，大约半个小时，寄宿家庭的男主人来车接孩子，我们一起去了孩子的新家，主人带我们参观了每个房间，介绍了他们的家庭情况，并再三表示，孩子在这里没有问题的，让我们放心。攀谈了一会儿，我们夫妻俩和在美国的朋友离开寄宿家庭的一瞬间，忽然有种撇下儿子的感觉，我的眼泪就怎么也控制不住了，跑到车上哭个不停。儿子还是比较淡定，笑着和我们道别。车开动了，儿子和他的"袁爸"的身影越来越远，越来越模糊……

千里送行，终有一别，带着万分的不舍、担心、希望，还是留下他自己，不过我坚信他会很快适应这一切，并且爱上这一切。后来的事实证明我的想法是对了，而且他比我们预期的还要好，好很多。

回国以后，电话就成了我们连接的纽带，微信、QQ、视频轮番上阵，真没有觉得我们的距离有那么遥远。真感谢现代化的通讯方式，不然都不敢想象写一封信需要一个月才能到的滋味，周日休息的时间就是我们的视频时间，他住的地方，他正在做什么，胖了还是瘦了，一目了然。为了让家里的老人放心，约定让儿子每周各给奶奶、姥姥打一个电话，儿子非常配合，到目前一直坚持着这个约定。尤其是姥姥，为了能更方便和外孙子沟通，居然在快70岁的年龄学会了上网，每天早起第一件事就是看看外孙子有什么新的动向，发了什么朋友圈，在QQ上有什么留言，发表了什么新的日志，就是靠着这种方式，度过了离别后最不适应的阶段。

经常有人问我是否想儿子，想是肯定的，但是我觉得孩子长大了，远离父母是迟早的事，当然也有一辈子就待在父母身边的，那样也是一种幸福。不过就看你想选择哪种生活了，哪种生活都有不完美的地方，只要你自己喜欢就好，孩子是否陪伴在身边不是我们父母能左右的，不能为了自己的想念，就把孩子束缚在自己身边。爱就是放手，爱就是给他自由，温室里只有花朵，长不出参天大树。无论做花朵还是大树，只要他乐在其中。偶尔我们也纠结到底给儿子送出去是对还是错，无论对错，是儿子自己的决定，我们尊重他的选择，出国留学的目的不是镀金和随大流，而是希望孩子的思想与世界接轨，不要禁锢在中国式的教育中，留学回来或者就留在那里，个人价值高低并不重要，重要的是在他的人生中有过这样一段经历，能够做最真实的自己。

回想儿子从小长大的一点一滴，我对儿子现在的状态特别满意和满足。小时候他不是一个特别爱学习的孩子，尤其是对英语更是不喜欢，每回补习英语，不是说头痛就是肚子痛，想出各种办法来逃避上课，当然成绩也不会太好，为此我还被英语老师单独找过谈话。当时我们也很苦恼，怎么能提高他的学习兴趣，后来一个机缘巧合，我和他爸爸学习了一个课程，效果很好，就让儿子也去学习一个少儿的课程。也许是儿子长大了，也许是课程起作用了，也许是因为初中碰上了一个好老师，总之，儿子的状态一天比一天好，学习成绩也直线上升，对自己的人生也有了初步的规划。趁热打铁，儿子接着又学习了"青少年领袖演说家"的课程、"美国BSE商学院"的课程，回来以后，居然在校外拉来了1630元年级活动的赞助费，连班主任老师都说没想到，都觉得十分骄傲。去参加"模拟联合国"的活动，去做义工，去卖报纸，去发廊打工，总之儿子一天天长大了，成熟了，正能量十足，学习成绩也就扶摇直上了，每天脸上都充满了阳光灿烂的笑容。

带着满满的自信和期盼，儿子来到了美国读高中，原以为他的语言会适应许久，没想到才半个月，儿子就被转到正常的班级了，不再和国际生一起上课了。由于每天坚持背诵单词，留心自己的发音，一年以后就有人说儿子的英语已经没有口音了。积极参加学校的网球队，游泳队、音乐剧的社团，校学生会主席竞选，在学校艺术周中居然勇敢地第一个上台表演；和计算机老师的合影上了学校网站的首页，被同学认为是最受欢迎的亚洲学生；GPA达到了4.0；在高中就学习了大学的AP历史课；坚持写日志，记录在美国的生活和学习体会，目前写了将近十万字的数十篇文章。看着这么丰富的人生经历，看着要满18岁的儿子，真的很替他高兴，他能有机会见识更大的世界，挖掘一下自己的潜力，去尝试各种事物，不怕失败，因为他还年轻。

其实孩子出国读书，对父母也是个极大的考验。如果孩子在国内就不爱学习，生活没有自理能力，心智不够成熟，出国绝对不是一个明智的选择。孩子离开父母，到一个陌生的环境，需要用另一种语言表达，吃着和家里不一样的食物，接触不一样思维方式和背景的人群，对孩子的适应能力也是不小的挑战。所以把孩子在国内训练好了，对他有把握了，才可以把他放飞出去，否则他不在你的视线范围就不受你的控制了。父母不要事事干涉孩子的生活，但毕竟孩子还小，要做好引导，时常给他一个希望，他就可以有个目标，而且还是他感兴趣的目标。为了达成，他会努力朝着目标前进，这样就不用父母时刻督促，他觉得是给自己做事，也就分外用心。做父母也更需要学习，与孩子沟通也需要很多技巧，尤其孩子大了，怎么说话他更愿意听，能更开心地接受，如果他觉得你说得有道理，他就更愿意与你沟通，征求你的意见，如果你总用强迫的口气，说得也没什么道理，他当然不愿意与你交流。与孩子做朋友真的不是说说而已，孩子有什么事情愿意先与你分享，你才是一个合格的父母，而这时也正是你可以引导他的机会，自然水到渠成，教导得不留痕迹，这样他接受得也快快乐乐，其乐融融，岂不是更好。我们平时会留意他的一切，如果发现他哪儿有缺点，我们夫妻会商量谁和他说这件事比较合适，效果会好些。平时多看关于留学的书籍，想到的问题，会立即提醒他注意，为此家里有将近20本关于这类的书籍。儿子英文课程读原文的《雾都孤儿》，我也马上买了一本中文的和他同时看，就为了找点和他共同的话题。做一个留学生难，做一个留学生的父母更难，但我们愿意，因为有幸和他一起成长；我们愿意，分享他每天的进步；我们愿意，看到他灿烂的笑脸；我们愿意，帮助孩子变得更好……

Andy 妈妈

2015/02/05

寓教于无形

刚刚给儿子发了一条微信：你奶奶4月4日过生日，你给她录段小视频啊，几句话、几分钟就行，当然了，如果你有空能长点更好。随后发了一张笑脸。我想对于奶奶，最好的生日礼物决不是我们请她吃顿饭，买点礼物，而是她远在万里之外的美国的孙子给她的祝福，既让将近80岁的老人开心，又让儿子学会关注亲人，孝敬老人，这样一举两得的事情我做得乐此不疲，大赚特赚了。

　　我听过一句话：三等的教育给孩子吃喝，二等的教育给孩子理念，一等的教育和孩子一起成长。我希望我能做出榜样，让孩子看在眼里，模仿于无形，而不是简单的说教，我希望和孩子一起成长和进步。父母就是孩子的一面镜子，我希望我能给儿子做个好榜样。把孩子送到美国，最不舍的不是父母，而是我们的长辈。尤其是我儿子，目前是家里唯一的晚辈，受关注的程度绝不亚于大熊猫，但是为了他的发展，为了他的选择，老人们放弃这种不舍和想念，放弃他们能随时见到孙子外孙的想念，支持儿子远赴美国求学。我不希望儿子因为远离，就疏远了这种亲情；我不希望因为他所处的环境和学业繁忙，就辜负了我们这些想念和牵挂他的心。外面的世界太精彩，新鲜的事物永远在吸引年轻人的好奇和注意力，但是我希望他也能静下心来，留一部分空间给家人，老人，我最不希望他在变得优秀，活得五颜六色时，淡漠了那一双双期盼的眼神。所以当我们把他送到美国，回来之前特意和他正式谈了一次，不要在这里生活习惯了，就忽略了我们大家，尤其是老人，每周分别给奶奶、姥姥打一次电话，定期保持联系，这件事和他的学业一样重要。儿子接受了这个建议，将近两年来，一直执行得非常好，老人们就因为儿子的电话度过了最初、最难熬的一段时光，后来发展到每周视频，亲眼看到儿子的样子，精神状态、住的环境，就像面对面一样，他们悬着的心就落了下来。我们又鼓励儿子把美国的生活记录下来，等申请大学之前出本书，一步一步地引导，树立目标，儿子终于完成了将近10万字的书稿，他说自己都没想到能坚持下来，写这么多的日志，现在写作能力明显有了很大提高。将近70的姥姥为了更好地了解儿子的情况，学会了上网，对于儿子的状态就了如指掌了。对于不会上网的奶奶，我们就把儿子的日志定期打印出来给她看，奶奶如获至宝。这种定期的良性互动，让老人们也不再那么担心儿子，儿子也好像和我们其乐融融地生活在一起一样。距离不是问题，心在一起就好。

　　儿子不在家的日子，我们没有小小孩可带，就经常带"老小孩"一起出去玩耍，吃饭、洗澡、温泉、旅游，希望我们可以弥补一下儿子不在身边缺失的天伦之乐，更希望可以给儿子做个榜样，要求他做到的，我们必须自己先做到，做好，把说教寓于行动中，无形中。平时发现儿子有什么问题或是提醒他需要注意的事情，我们夫妻都会商量一下，看谁说这个事情比较好，用哪种方式说效果更好，既不要引起他的逆反心理，又要达到既定的效果，我们有绝对的原则，又要尊重他的人格。对于马上就18岁的儿子，我们希望可以给他自由，又可以利用我们人生阅历引导他、提升他，我们共同微笑地看着他一步一步，踏踏实实、身心健康地成长起来。

Andy 妈妈

2015/05/05

临行嘱托

宝宝：

你即将带着自己的梦想、亲人的嘱托，远离家乡，独自一人踏上征程去美国求学。从道理上我们应该支持你的选择，可是从情感上我们是实在的不舍。因为自从你来到这个家庭以后，就给我们带来了很多的乐趣。平时你像开心果一样，让我们开心。大家对你也像宝贝一样。小时候日夜陪伴着你，上学时候天天接送你，日常生活中关爱着你，看着你幸福地一天天长大。

虽然我们舍不得，但是你的人生还得靠你自己去完成。平时在家时，对你照顾得多，可以说是众星捧月。在生活方面你缺乏锻炼，这次出门在外会遇到很多困难。希望你多学点生活方面的技能，把自己照顾好。平时注意健康饮食，做到起居有常，使自己有一个健康的体魄，为今后学习、工作创造有利条件。

我们非常希望你能够健康地成长，有个美好的前程。从目前看你还是不负众望，平时努力学习不叫家人操心。你从上小学、初中到高中，学习成绩像上楼一样，一步比一步高。看到你积极向上，我们很欣慰，这次你考上二中，更是全家人的骄傲。大家也为你的进步而感到高兴。所以你去美国学习还是希望你像从前一样一如既往，在学习上要有吃苦精神，过好语言关，尽快跟上学习进度。在学校里和同学友好相处，学习别人的优点，找出自己的不足，多关爱他人，把中国的好传统带过去，把美国的先进思想学到手，多做好事、善事，不做违法的事情，在自己身上处处显示中国人的优良风范，使自己的所作所为永远符合人的一撇一捺，做一个真正的好人。

人人都有美好的梦想，但是追梦是艰辛的，圆梦是漫长的。梦是一座山，靠攀登才能到顶，宝宝你才16岁，你的人生路刚刚开始，今后的路还很长，在你追逐梦想的道路上，不可能一帆风顺，既然你决定出国学习，就希望你珍惜这次机会，不虚度年华。这次异国他乡的学习和生活是对你最好的锻炼，也是对你最大的考验，困难总会有的，只有努力去克服，从失败中吸取教训就能战胜它。成功总会有的，只要坚持目标不放弃，从经验中找出前进的动力就会实现，相信只要付出就能有回报。

写给你的话语，是我们发自肺腑的心声。这里有对你的牵挂，有对你未来的期待，更有时间的等待。我们对你充满信心，相信你的未来不是梦。我们还等待你儿时的许诺：给我们八百万；买个带游泳池的房子；坐飞机带我们去旅游。

希望你把这封信珍藏好，想家时拿出来读一读，平静一下自己的心情。遇到困难时拿出来读一读，会增强克服困难的信心。我们相信你经过几年的历炼，会逐渐地走向成熟，逐步地走向成功，用自己的实际行动写好精彩的人生，不愧于自己的努力奋斗，不愧于家人的厚望，不愧于社会。把我们对你的担心变为放心，把家人对你的爱心变为勇往直前的信心。

最后祝你：

1.一路顺风，平安到达美国；

2.身体健康，天天有个好心情；

3.学业有成，考上理想大学。

姥爷姥姥

2013/8/1

后　记

　　当儿子的书稿汇集成册的那一刻，一种满满的成就感油然而生，这是儿子去美国前我俩的一个约定："坚持写日志，在上大学前出一本十万字的书。"今天终于实现了！这十万文字是孩子留学美国近两年来利用休息时间，用心留意身边的人与事，一点一滴地积累起来的。也许幼稚，也许片面，但一定是真实的，那是孩子自己的观察，是他自己的感受。世上有很多东西如过眼烟云，看过了，不去记录，分析与思考，也就消失了。通过这些零散的叙事描述及透彻的表里分析，能看到他的视野与高度，能看到他的阳光、乐观、健康的心态，能看到他对世界认识的不断深入，也能看到他成长的过程。

　　学习ＡＰ美国历史，获得12年级同时修2门大学英语课的许可，秋季里每天3个小时的网球训练，冬季里每天三四个小时的音乐剧排练，周末的义工，每逢节假日的舞会派对和社会活动，竞选校学生会主席，孩子每天午夜才能睡觉。任何教育体制下，要想拿到好成绩，没有捷径可走，只有艰苦的付出。儿子没有因为功课忙碌，活动多而放弃对我的承诺，他有自己的目标——一定把这两年来的生活记录下来，分享给同龄人。两年来每次与他视频聊天通话时，我们不单单是谈论他的日常生活，更多的是谈他的学习心得，谈未来的目标与理想，在2014年春节过后我们交谈最多的是这本书的出版细节，也谈了一个更有意义的话题，每售出一本书，他将书款的30%用于建立"安迪读书基金"，帮助贫困地区儿童读书，"基金"的钱可能不是很多，但能让孩子从小就有责任意识，有一个"穷则独善其身，达则兼济天下"的意识，做一个好人，做一个有胸怀的人。我期待儿子能把这件事持续做下去，一直一直……

　　好多朋友在与我探讨送孩子出国留学的问题，到目前我没有一个确定的答案，美国也好，中国也罢，教育制度后边都有其存在的合理性，没有完美的，只有适合的。孩子适合哪种环境，喜欢在哪种环境下生活，才是最重要的。哪里能让他快乐地成长，哪里能让他有一个健全的人格，阳光的心态，健康的身体，哪里就是天堂。因为人一生的幸福是靠每时每刻，每个美好的时段积累起来的。

"放下"是人到中年的一种追求和参悟，我不知道有多少人能放下，但我要"放手"，让孩子去过他应该有的生活，他想要的生活。家长只是他的参谋，只是他的助手，只是他的肩膀。别去替青春年少的孩子做决定，因为我们的思想正趋于"老化"，我们的经验带有旧时代的印记。全新的世界一定交给孩子们去闯，因为他们年轻。他们只要有梦想，有追求，有信心，有坚持，其他的可以一无所有！

Andy 爸爸

2015/04/10